ROMPA
la
MALDICIÓN

ROMPA
la
MALDICIÓN

BOB LARSON

CASA
CREACIÓN

Las citas de la Escritura marcadas (LBLA) corresponden a La Biblia de las Américas © Copyright 1986, 1995, 1997 por The Lockman Foundation. Usada con permiso.

Las citas de la Escritura marcadas (RV95) corresponden a la versión Reina-Valera 1995 *Reina-Valera 95*® © Sociedades Bíblicas Unidas, 1995. Usado con permiso.

Traducido por: María Mercedes Pérez, María Bettina López y María del C. Fabbri Rojas.
Coordinación, revisión de la traducción y edición: María del C. Fabbri Rojas
Diseño de la portada: Lisa Cox
Director de diseño: Justin Evans

Originally published in the USA by:

Shippensburg, PA
Under the title:
Curse Breaking
Copyright © 2013-Bob Larson-USA

Visite la página web del autor: www.boblarson.org

Library of Congress Control Number: 2014943389
ISBN: 978-1-62136-901-1
E-book ISBN: 978-1-62136-903-5

Impreso en los Estados Unidos de América
14 15 16 17 18 * 5 4 3 2 1

DEDICATORIA

Este libro está dedicado a mi increíble esposa y mis tres preciosas hijas.

Además de la Sagrada Escritura, la información contenida en este libro es el resultado de mi ministerio a muchos miles de personas. Lo que he aprendido de estos encuentros de la vida real con personas desconsoladas ha confirmado muchas veces la devastadora realidad de las maldiciones generacionales. La misericordiosa comprensión de mi familia me permite estar fuera durante estos prolongados tiempos de ministerio. Incontables vidas han cambiado y muchas maldiciones diabólicas fueron rotas porque mi familia hizo el sacrificio que me permite ayudar a otros en todo el mundo.

Por esta razón, y por su perseverante amor a mí y al Señor, les dedico este libro a ellas.

AGRADECIMIENTOS

La comprensión de cómo funcionan las maldiciones generacionales ha requerido toda una vida de estudio de la Biblia, así como experiencia directa con las víctimas de este tipo de maldiciones. Mis archivos contienen muchos miles de estudios de que confirman en detalle cómo operan estas maldiciones. Quiero reconocer la importancia de los que han abierto sus vidas a la posibilidad de recibir esta importante ministración. Estos héroes anónimos no han escatimado detalles para descubrir cómo opera el diablo en sus vidas. Como resultado, fueron liberados de estas debilitantes maldiciones, y tuve la oportunidad de comprender mejor la malvada telaraña que Satanás teje, generación tras generación.

También quiero agradecer a los muchos miembros dedicados de nuestros equipos DWJD® (Haga lo que Jesús hizo) de sanidad y liberación en todo el mundo. Su determinación de liberar a los cautivos ha descubierto muchos recursos previamente desconocidos del diablo en este ámbito espiritual de las maldiciones. Estoy agradecido de estar rodeado de tantos dedicados hombres y mujeres de Dios que trabajan desinteresadamente para liberar a todos los que están esclavizados por la maldad de sus antepasados.

CONTENIDO

LAS MALDICIONES NO ESTÁN ROTAS HASTA QUE SE LAS ROMPE

Un joven apuesto y simpático me estaba esperando en el recibidor. Me presenté y pasamos a mi oficina. Apenas entramos, comenzaron a sucederle cosas: inusuales sacudidas, retorcimientos y movimientos.

"¿De dónde sacó esos tics?", le pregunté.

"Francamente, no son tics", dijo. "Parecen calambres, y me afectan solo cuando estoy orando, leyendo mi Biblia o cuando estoy entre cosas espirituales. El resto del tiempo no tengo esas manifestaciones".

Él me había buscado luego de una exitosa ministración por parte de uno de nuestros equipos de sanidad y liberación entrenados y colegiados DWJD® (Haga lo que Jesús hizo, por sus siglas en inglés). Él buscó su ayuda, y ellos ya habían roto muchas maldiciones dejándome solo las últimas para que las limpiara. Pero el otro equipo no había podido descifrar el código, por decirlo de alguna manera. Ni ellos, ni el propio joven, pudieron determinar qué hacer a continuación, aunque el tiempo que pasaron juntos efectivamente había preparado el camino para lo que sucedió aquel día en mi oficina.

A grandes rasgos, su vida había sido la siguiente: Cuando él era niño, su padre murió. Su madre comenzó a preocuparse por sus conquistas amorosas y otras cosas, y él se sintió abandonado. Finalmente su madre se volvió a casar, pero su padrastro no lo trataba de una manera sana. A medida que su vida se deterioraba, el muchacho comenzó a tener sueños en los que veía demonios. Los dos demonios principales se hacían llamar Odio y Blasfemia. Sin saber qué hacer, visitó a un par de hechiceros nativos americanos. En lugar de solucionar su problema, lo empeoraron, porque en vez de deshacerse de los demonios, recibió más. Y aún así su problema parecía tener una raíz más profunda que esas circunstancias que él podía explicar.

Mi equipo y yo oramos con él por bastante tiempo. Por último, sentí que el Señor estaba sugiriendo que él tomara la Santa Cena. Al final resultó que él apenas si podía tragarla, mantenía los elementos en su boca durante un tiempo y luchaba para tragarlos. Apenas lo hizo, comenzaron más manifestaciones. De hecho, el principal espíritu demoníaco que las provocaba habló a través de la voz de ese hombre, haciéndose llamar el Anciano de ancianos y declaró: "Él nos pertenece".

Cuando comenzamos a rastrear lo que había sucedido en el pasado, le pregunté a cuántas generaciones se remontaba esa maldición, comenzando con dos, cuatro y seis generaciones. Aunque llegamos a 24 generaciones, no sentía que hubiésemos alcanzado todavía la respuesta correcta. Finalmente establecimos que eran 34 generaciones. Ya sea que una generación se calcule de acuerdo con el modelo bíblico de la travesía de Israel (40 años) o el modelo moderno de la reproducción generacional (18 a 22 años), esta maldición se remontaba a un largo tiempo atrás: entre 600 y 1300 años.

Interrogamos al demonio para averiguar qué había sucedido 34 generaciones atrás. Él alardeó: "Los asesiné a todos, mujeres y niños". "Yo soy Asesino". Así que había sucedido algún tipo de derramamiento de sangre a los antepasados de este hombre. Finalmente descubrimos que esto había sucedido en España. De hecho, el joven comenzó a hablar en español (que no había estudiado). Llamé a mi asistente a la oficina porque es puertorriqueña, y ella nos tradujo. Los asesinatos habían ocurrido por mano de un soldado español que estaba poseído por los espíritus de Odio, Blasfemia y Asesinato. El soldado había matado a una mujer cristiana embarazada junto con el bebé que aún no había nacido. Un fragmento de conciencia de este pecado no perdonado había pasado a través de todas esas generaciones. Al traer el asunto ante Dios y perdonar, pudimos romper la maldición y echar fuera al demonio de una vez y para siempre.

(Creo que algún día escribiré un libro que se llamará *Los demonios dicen las peores cosas*. Justo antes de que este fuera echado, recuerdo que dijo, molesto: "Saben, espero que sea algo peligroso". Se refería a la esperanza que había llevado a este joven de un lado a otro del país, en busca de la libertad de esa maldición demoníaca.)

El muchacho salió de mi oficina muy cambiado. Finalmente era libre. La maldición de su ancestro español que había cometido asesinato había sido rota.

Comparto esta historia real porque ilustra muchos de los principios que describiré en este libro. Los problemas contemporáneos de este joven eran el resultado de algo que había sucedido 34 generaciones atrás. Él se había desmoronado por completo, había sufrido psicosis por unos cuatro años. Había perdido su matrimonio así como su salud emocional y física.

Y este no es un caso aislado. La mayoría de nosotros, nos demos cuenta o no, hemos tenido similares situaciones de gran sufrimiento que pueden remontarse a algún mal terrible que se haya cometido largo tiempo atrás. Muchos tenemos en nuestras vidas tales maldiciones que no han sido rotas. Esto no debería sorprendernos demasiado. Después de todo, cada uno de nosotros ha heredado el pecado original, ya que descendemos de Adán y Eva. Aun después que rompemos la maldición por medio de nuestra relación con Jesucristo, el efecto de ese pecado original en nuestros ancestros puede quedar sin resolver. Cada individuo tiene en su pasado gente que ha cometido grandes maldades. Algunos renegados o pervertidos cuelgan de alguna rama de su árbol genealógico. Quizás usted no tenga que ir tan atrás para encontrar algo; solo vaya a su próxima reunión familiar y mire alrededor.

Quizás usted sea una buena persona, incluso una de las personas más centradas en Cristo de quienes lo rodean. Quizás diga: "Bueno, creo que voy bastante bien espiritual y emocionalmente". Pero tendemos a evaluarnos de acuerdo a lo bien que nos está yendo, no por lo bien que nos podría ir. Es una de las falacias de la vida cristiana. Nos juzgamos por lo bien que andamos, no por lo mucho más que podríamos estar haciendo para el Señor o por cuánta libertad podríamos disfrutar. Nos conformamos con menos que lo mejor. A veces necesitamos una crisis para buscar ayuda.

Mi meta en este libro es abrirle los ojos a posibles fuentes adicionales de sus problemas de difícil solución, ya sean dramáticos y atraigan su atención, o simplemente le causen un "ruido de fondo" al que se ha acostumbrado. ¿Sufre innumerables achaques? ¿Ve patrones problemáticos en sus relaciones? ¿Está plagado de temores?

Usted ha vivido lo suficiente como para conocer los patrones de sus impulsos y tendencias pecaminosas. Hasta ahora, puede haber identificado algunas mentiras sobre las cuales ha basado sus decisiones y acciones. Usted puede haber intentado superar esas vulnerabilidades y lastres mediante la oración, la lectura de la Biblia e incluso la consejería. Y puede haberse dado cuenta de que nada parece funcionar. Puede esconderlos y aparentar sobre su pasado solo por algún tiempo. Tarde o temprano, se dará cuenta de que no hay consejo o esfuerzo que pueda desterrar ciertos patrones malignos, dolencias físicas o inseguridades. Quizás sea tiempo de que se plantee cómo pueden las maldiciones—tanto las relativamente recientes como las de hace mucho tiempo—tenerlo cautivo. Las maldiciones pueden estar basadas en hechos conocidos, pero frecuentemente no sabemos lo que ha sucedido en nuestras familias, especialmente si eso ha ocurrido mucho antes que naciéramos. Para averiguar con qué estamos tratando, debemos confiar en una combinación de discernimiento espiritual y conocimiento sobre maldiciones adquirido de fuentes comunes. Además de rendir nuestras vidas tanto como nos sea posible al supremo quebrantador de maldiciones, Jesucristo, debemos aprender cómo funcionan las maldiciones, bíblica e históricamente, antes de lograr la victoria total sobre ellas.

En los capítulos de este libro, veremos una cantidad de cosas que causan maldiciones, desde afirmaciones verbales que pueden parecer inocuas hasta experiencias inusuales. Mi deseo es ayudarlo a "descifrar el código" de su propia vida.

No se asuste cuando se reconozca en algo que lea en las siguientes páginas. Confíe en que Dios ha hecho que eso le llame la atención porque quiere abrir sus ojos a su personal realidad espiritual, y crea que Él lo conducirá a una completa libertad. Él es más grande que cualquier pecado y más poderoso que cualquier demonio o maldición, y lo ama. Siempre prepara el camino delante de usted. Sepa que no estará solo en esta lucha; puede hablar con gente comprensiva y experimentada (vea la sección final del libro, donde encontrará más información sobre mi ministerio), y ellos sabrán qué hacer.

Acompáñeme ahora y aprenda lo que usted necesita saber sobre las maldiciones.

Capítulo 1

Lo que usted necesita saber sobre las maldiciones

El año en que comencé el jardín de infancia, mi hermana, la única que tengo, se graduó en la escuela secundaria. Esencialmente, fui criado como si fuera hijo único. Los antecedentes alemanes de mi madre le daban la expectativa cultural de que sus hijos la cuidarían cuando fuera anciana, y esa fue en parte la razón por la que mis padres esperaron tanto tiempo para tener otro hijo. Así es como mi padre me lo explicó cuando ellos todavía vivían:

"Habíamos planeado tener un solo hijo. Cuando nació tu hermana, catorce años antes que tú, creímos que una sola hija era suficiente. Una noche, muchos años después, tu madre y yo estábamos conversando y a ella le preocupó quién la cuidaría cuando fuese anciana. Esa noche, tú fuiste concebido".

Al ir creciendo, oía esta historia de vez en cuando, y pensaba que era algo reconfortante. Nunca le di demasiada trascendencia, excepto reconocer que había nacido para cuidar a mi madre y ser la persona que ella quería que fuese.

Efectivamente, durante su vejez, mis padres tuvieron algunos problemas financieros y serios problemas de salud. Desde que tuve veinte años hasta que ellos murieron, fui su único sostén.

Compré sus autos, pagué la renta de su departamento, al final les compré una casa, me encargué de pagar los servicios y más. Eso me hacía sentir bien. Me daba a mí mismo palmaditas en la espalda porque sentía que estaba siendo un hijo honorable al cuidar a mis padres de esa manera.

Me sentí bien hasta que llegué a un punto de crisis en la mitad de mi vida, y un querido amigo me hizo algunas preguntas difíciles. De repente, aquella maravillosa historia tenía una falla. ¿Qué estaba mal en todo ese escenario? Durante toda mi vida hasta ese momento, había cargado con un sentido de importancia equivocado. Terminé por darme cuenta de que en lo profundo yo no sentía que hubiese nacido porque mis padres se amaban, aunque sí se amaban, sino porque mi madre quería un hijo que la cuidara en sus años menguantes. En otras palabras, como hijo, solo representaba la seguridad funcional financiera y emocional para mi madre y mi padre. Aunque nunca me molestó mi rol como su proveedor y teníamos una relación agradable, no tenía un sentido de significación personal aparte de lo que pudiera hacer para ayudarlos. Alguien que siente eso no crece con un sentido de amor incondicional. Hay ataduras.

Y hay más. También soy una de las muchas personas del mundo cuyos padres jamás les dijeron un rotundo: "Te amo", al menos no hasta que llegaron a los ochenta y yo a los cuarenta. Cuando mi amigo me preguntó: "¿Tus padres te aman?" le dí la respuesta típica:

"Por supuesto que sí".

Entonces él preguntó: "¿Te lo dicen?".

"Bueno, no, pero estoy seguro de que sí me aman". Este buen amigo fue a donde mis padres y les mencionó el tema, su falta de verbalización del amor. Habían descuidado lo más importante por haberme visto de modo tan utilitario durante tanto tiempo. Se mostraron más que ansiosos de corregir su descuido. Por el resto de sus vidas, cada vez que hablaba con ellos me decían que me amaban. Mi madre con el tiempo desarrolló demencia, así que no pudo seguir comunicándose en sus últimos años, pero mi padre estuvo lúcido hasta el final. El último recuerdo que tengo de él es de agacharme para besarlo en la frente y oír sus últimas palabras para mí: "Hijo, te amo".

Dios llevó eso hasta el punto de partida. Una gran parte de mi vida había estado bajo la maldición de no sentirme amado, y ninguno de nosotros lo entendía. Una vez que se rompió esa maldición, al fin llegó la sanidad. Ahora estoy libre para seguir aprendiendo cómo amar y recibir amor.

Muchas cosas son así. Situaciones que quizás usted no vea como particularmente perjudiciales o dañinas pueden causar un serio daño a su vida. Parece demasiado duro llamarlo una maldición. Pero el Espíritu Santo puede mostrarle qué palabras o qué acciones del pasado han hecho que usted camine bajo una extenuante nube de pecados generacionales, y Él puede ayudarlo a ser libre.

¿QUÉ ES UNA MALDICIÓN?

Las maldiciones deben ser consideradas desde dos perspectivas: (1) Maldiciones implícitas o involuntarias, como las que describí más arriba, y (2) explícitas o intencionales, que se invocan específicamente para llevar mal sobre una persona, grupo de personas o capacidades humanas. Ampliaré ambos tipos.

Maldiciones implícitas

La mayoría de las maldiciones "simplemente ocurren". Eso, sin embargo, no implica que carezcan de consecuencias. Mi definición de una maldición implícita o involuntaria es la siguiente:

> La consecuencia inexorable (implacable), inmutable (incapaz de cambio) de la conducta y la comunicación heredada transgeneracionalmente,

que continúa hasta que es alterada por una intervención espiritual.

Con "conducta y comunicación" me refiero al comportamiento y a interacciones entre las personas que parecen comunes, comportamientos que pueden no transgredir leyes morales o civiles y pueden no causar un daño obvio. Si alguien va a un curandero y le clava una aguja a un muñeco de vudú, eso es un acto intencional. Dará como resultado una maldición explícita. Pero si esa misma persona, exasperada con algún familiar o con un amigo, explota y le dice: "¡Loco idiota! ¡Nadie volverá a confiar en ti nunca más!" eso puede soltar una maldición implícita que interferirá en la vida de esa persona por un largo tiempo.

Las maldiciones no solo caen sobre la persona que está siendo maldecida, sino que también afectan a la persona que efectúa la maldición. El principio está de acuerdo con la advertencia de Jesús: "No juzguéis, para que no seáis juzgados" (Mateo 7:1, RV60). Es por esto que la sociedad está compuesta de semejante telaraña de maldiciones no intencionales.

Familias y grupos étnicos enteros son portadores de maldiciones implícitas. Los irlandeses realmente tienen un problema con el alcohol. Los alemanes realmente tienen un tema con las guerras (y como ya dije, yo soy descendiente de alemanes, así que sé de qué estoy hablando). No solo los individuos y sus familias pueden perpetuar una maldición, sino también agrupaciones humanas tales como gobiernos, instituciones, denominaciones e iglesias. La maldición puede afectar la conducta de una corporación así como su legado.

Una vez que las maldiciones han sido pronunciadas o creadas de algún modo, siguen y siguen. Las maldiciones se caracterizan por cierta obstinación. No cambian hasta que haya una intervención espiritual. Pueden afectar a más de una generación y, por lo tanto, a más de una persona a la larga, aunque en principio hayan sido efectuadas contra una persona en particular.

Maldiciones explícitas

Las maldiciones explícitas pueden ser identificadas con mayor facilidad, porque se originaron en un acto intencional. Esta es mi definición de una maldición explícita:

> La maldición de invocar el mal mediante un ritual, una ceremonia o un conjuro, con la directa intención de causar mal, desgracia, daño o herir a individuos, familias, instituciones o descendientes.

Sin embargo, si una maldición se originó mucho tiempo atrás o si la persona que fue maldecida considera que el origen de esa maldición es algo inocuo o seguro, las maldiciones explícitas pueden ser tan difíciles de discernir como las implícitas. La diferencia fundamental está en que son intencionales, suelen suceder en el contexto de una práctica religiosa, motivadas por malicia hacia alguien percibido como enemigo.

Una maldición es una oración: una oración para dañar o lastimar a alguien o para que una desgracia caiga sobre alguien. Noé pronunció una maldición sobre Canaán (vea Génesis 9:24-27). Isaac pronunció una maldición sobre quienquiera que maldijera a Jacob (vea Génesis 27:29). El adivino Balaam fue contratado por Balac, rey de Moab, para pronunciar una maldición contra los israelitas (vea Números 22-24). Goliat, el gigante filisteo de Gat, "maldijo a David invocando a su dios" (1 Samuel 17:43, BTX).

En los tiempos bíblicos, se consideraba que una maldición era algo más que un mero deseo de que el mal cayera sobre los enemigos de uno. Se creía que las palabras en sí mismas poseían el poder de traer el mal. Así como la oración ha sido definida como un deseo referido a Dios, las maldiciones se refieren a la invocación de seres sobrenaturales que tienen poder para infligir daño. En tiempos antiguos, un dios, una deidad, o alguna entidad espiritual acompañaba siempre a una maldición. Esto es más serio que el tipo de afirmaciones de enojo que solemos oír en nuestra cultura actual, como "Maldito seas" o "Vete al diablo".

Cuando los antiguos emitían una maldición, era bien intencional, y esperaban que su súplica fuera llevada a cabo por el ser sobrenatural al que invocaban. De hecho, era bastante usual que se comprometieran con la maldición por escrito; no era suficiente que la pronunciaran, aunque una maldición dicha en voz alta sería efectiva. En Zacarías 5:1-3 hay un "rollo que volaba" con maldiciones escritas a ambos lados y que "sale sobre toda la faz de la tierra" para hallar a todo ladrón o que cometa perjurio (quienes hurtan o juran falsamente).

Los diferentes sustantivos y verbos hebreos que tienen que ver con maldecir fueron traducidos de manera diferente dependiendo del grado de intensidad deseado, pero son más o menos sinónimos. Lo esencial es que las palabras de una maldición declaran lo opuesto a las palabras de una bendición y que tanto las maldiciones como las bendiciones son más que meros deseos porque sus palabras tienen el poder de llevar a cabo el propósito para el que fueron pronunciadas.

Tanto en tiempos antiguos como hoy, las palabras de maldición y de bendición que emanan del corazón humano pueden estar puras o contaminadas: "El que es bueno, de la bondad que atesora en el corazón saca el bien, pero el que es malo, de su maldad saca el mal" (Mateo 12:35).

Dios declara maldiciones

En el huerto, el mismo Dios es descrito maldiciendo a la serpiente (vea Génesis 3:14-15) así como a la tierra (vea Génesis 3:17). En el Nuevo Testamento, vemos a Jesús maldiciendo a la higuera para que no vuela a dar fruto: "Nunca jamás nazca fruto de ti" (Mateo 21:19). E inmediatamente la higuera se secó (vea también Marcos 11:14). Él también enseñó a los cristianos cómo tratar con maldiciones, al decir: "Bendigan a quienes los maldicen..." (Lucas 6:28).

Rompa la maldición

A la mayoría de nosotros nos resulta familiar la maldición que se encuentra en Malaquías 3, porque algunos predicadores la citan cuando levantan una ofrenda:

> *¿Robará el hombre a Dios? Pues vosotros me habéis robado. Y dijisteis: ¿En qué te hemos robado? En vuestros diezmos y ofrendas. Malditos sois con maldición, porque vosotros, la nación toda, me habéis robado. Traed todos los diezmos al alfolí y haya alimento en mi casa; y probadme ahora en esto, dice Jehová de los ejércitos, si no os abriré las ventanas de los cielos, y derramaré sobre vosotros bendición hasta que sobreabunde. Reprenderé también por vosotros al devorador, y no os destruirá el fruto de la tierra, ni vuestra vid en el campo será estéril, dice Jehová de los ejércitos.*
>
> —MALAQUÍAS 3:8-11, RV60

Aquí el profeta Malaquías, hablando en nombre de Dios, deja en claro que cuando las personas retienen las bendiciones de lo que reciben de Dios, se acarrean una maldición.

Curiosamente, no todos los problemas que parecen ser maldiciones resultan en sufrimiento, al menos a largo plazo. Piense en la historia del hombre que era ciego de nacimiento, narrada en Juan 9:1-3:

> *A su paso, Jesús vio a un hombre que era ciego de nacimiento. Y sus discípulos le preguntaron: —Rabí, para que este hombre haya nacido ciego, ¿quién pecó, él o sus padres?*
>
> *—Ni él pecó, ni sus padres —respondió Jesús—, sino que esto sucedió para que la obra de Dios se hiciera evidente en su vida.*
>
> *Y sanó la ceguera del hombre en ese momento.*

Las maldiciones de Dios llevan a la justicia y al juicio, a la reforma y al arrepentimiento. En vez de ser destructivas, advierten sobre las consecuencias de la desobediencia. También puede llevar a rotundas bendiciones. Dios le habló a Abraham y le dijo: "Bendeciré a los que te bendigan y maldeciré a los que te maldigan; ¡por medio de ti serán bendecidas todas las familias de la tierra!" (Génesis 12:3).

Tanto las maldiciones de Dios como sus bendiciones son condicionales, como vemos en las palabras proféticas de Moisés:

> *Hoy les doy a elegir entre la bendición y la maldición: bendición, si obedecen los mandamientos que yo, el Señor su Dios, hoy les mando obedecer; maldición, si desobedecen los mandamientos del Señor su Dios y se apartan del camino que hoy les mando seguir, y se van tras dioses extraños que jamás han conocido.*
>
> —DEUTERONOMIO 11:26-28

La maldición "sin causa"

A pesar del poder inherente de las palabras de una maldición, el principio de causa y efecto prevalece. Aprendemos esto del conocido proverbio: "Como el gorrión en su vagar, y como la golondrina en su vuelo, así la maldición nunca vendrá sin causa" (Proverbios 26:2). La NTV lo dice así: "Como gorrión que revolotea o golondrina que vuela sin rumbo, la maldición inmerecida no llegará a quien iba dirigida".

Esto no significa, como muchos cristianos parecen creer, que los creyentes sean inmunes a todas las maldiciones. Significa que el diablo solo puede activar las maldiciones basándose en causas verdaderas y que esas maldiciones no pueden caer sobre personas solo porque sus enemigos las odien. Aún así, aunque pueda parecer injusto, algunas causas de maldiciones escapan a nuestro control porque les sucedieron a nuestros ancestros o a miembros de un grupo al cual pertenecemos.

Satanás busca una causa. Si puede encontrarla, pondrá la maldición en algún evento actual de la vida de alguna persona. Pero lo más frecuente es que encuentre una causa en una generación previa, y la usará para traer la maldición a su vida, particularmente si puede relacionar una causa antigua con una acción actual. Él quiere poner en movimiento maldiciones porque quiere traer más enfermedad, muerte y destrucción sobre toda la humanidad. Ese es su modus operandi.

Mi premisa es que todos, en mayor o menor grado, sufrimos maldiciones. Con la acumulación de centurias de pecado detrás de nosotros, lo único que evita que tengamos vidas devastadas es no tener experiencias que puedan dar sustento a una maldición antigua, reavivándola y dándole derecho a caer sobre nosotros. Casi siempre, un suceso actual desencadena una maldición antigua que de otro modo no tendría causa. Tome como ejemplo la violación sexual. Si hoy alguien es violado, acosado o sufre otra forma de abuso sexual, antiguas maldiciones pueden venir súbitamente a su vida.

Cristo, maldecido por usted y por mí

La Biblia nos dice claramente que Jesucristo fue hecho maldición por nosotros. Las personas a quienes no les gusta oír un mensaje como el mío a menudo eligen citar las palabras de Pablo: "Cristo nos redimió de la maldición de la ley, hecho por nosotros maldición (porque está escrito: Maldito todo el que es colgado en un madero" (Gálatas 3:13, que cita a Deuteronomio 21:23). Consideran que el sacrificio de Cristo en la cruz es la solución total para todas las maldiciones, y dicen que todo lo relativo a quebrar una maldición es una tontería.

Esas personas confunden la verdad posicional con la realidad condicional. La verdad posicional es que sí, Jesucristo fue maldecido por nosotros, y sí, Él soportó la maldición del pecado hasta la cruz, y sí, debido a que por su resurrección tuvo victoria sobre la muerte, nosotros debemos ser libres de toda maldición. Pero como cada promesa de la Palabra de Dios, esto es algo que no se hace efectivo hasta que usted lo cree, lo recibe y se apropia de ello por fe. Las Buenas Nuevas son poderosas. La mala noticia es que esto no es automático.

Cada persona debe apropiarse de las bendiciones de salvación y llevarlas a su realidad cotidiana.

CÓMO OPERAN LAS MALDICIONES

Ya hemos mencionado el hecho de que las maldiciones a menudo son hereditarias, involuntarias y transgeneracionales. En otras palabras, pueden ser transferidas geográfica e históricamente a lo largo del tiempo, a veces por un tiempo realmente largo. Las escrituras clásicas sobre esto incluyen las siguientes:

> *No tengas otros dioses además de mí. No te hagas ningún ídolo, ni nada que guarde semejanza con lo que hay arriba en el cielo, ni con lo que hay abajo en la tierra, ni con lo que hay en las aguas debajo de la tierra. No te inclines delante de ellos ni los adores. Yo, el Señor tu Dios, soy un Dios celoso. Cuando los padres son malvados y me odian, yo castigo a sus hijos hasta la tercera y cuarta generación.*
>
> —ÉXODO 20:3-5

> *…pasando delante de él, proclamó: El Señor, el Señor, Dios clemente y compasivo, lento para la ira y grande en amor y fidelidad, que mantiene su amor hasta mil generaciones después, y que perdona la iniquidad, la rebelión y el pecado; pero que no deja sin castigo al culpable, sino que castiga la maldad de los padres en los hijos y en los nietos, hasta la tercera y la cuarta generación.*
>
> —ÉXODO 34:6-7

La tercera y cuarta generación no deben tomarse literalmente, excepto como un mínimo. El escritor indica que una maldición puede seguir a una familia o línea nacional por al menos cuatro generaciones, pero no pone un punto final allí. Esencialmente, indica que una maldición permanece activa perpetuamente, aunque como ya he dicho, puede o no estar operando.

El mismo principio se aplica a las bendiciones; ellas también siguen hasta la tercera y cuarta generación y más allá. La mayoría de nosotros estaríamos ansiosos por aceptar las bendiciones de nuestros ancestros, ¿no es cierto? Nos oponemos a la idea de heredar las maldiciones, pero estaríamos muy felices al recibir la justicia cósmica de las bendiciones.

La elección moral es importante. Algo tiene que suceder para que tanto las maldiciones como las bendiciones se activen en el tiempo presente. Si no tienen un motivo para caer sobre usted, esencialmente permanecerán latentes e inefectivas. Usted podría decir que, en lo que concierne a una persona piadosa, las maldiciones antiguas pueden estar en una especie de remisión. O que permanecerán en suspenso para alguien por la piedad de un ancestro. Cuando aparece algo o alguien que las enciende, necesitamos saber cómo operan y qué hacer respecto a ellas. Usted y yo, que vivimos en los últimos tiempos, formamos parte de la resolución final del mal de las edades. Podemos romper las maldiciones que vienen de la antigüedad, de las iniquidades de nuestros ancestros, mientras preparamos una "iglesia radiante, sin mancha ni arruga ni ninguna otra imperfección, sino santa e intachable" (Efesios 5:27).

LA CONTINUIDAD Y ADAPTABILIDAD DE LAS MALDICIONES

Las maldiciones tienen continuidad, y se mantienen inquebrantables hasta que se rompen de la manera correcta. Generalmente lo explico de esta manera: "Una maldición no estará rota hasta que sea rota". Al haber sido invocadas en perpetuidad, las maldiciones no mueren por causas naturales.

Una de las razones por las que las maldiciones tienen tal longevidad en porque son adaptables. A veces saltan una generación entera, con frecuencia porque es piadosa. Digamos que usted está tratando de averiguar si los problemas de alguien son el resultado de una maldición generacional, entonces comienza a hacerle preguntas a esa persona sobre su familia. Le dice: "¿Cómo es su padre?".

"Papi era un predicador, un buen hombre. El abuelo también. Y también su padre y el abuelo de su padre. Hasta donde puedo rastrear, todos han sido cristianos y buenas personas".

¿Por qué, entonces, era persona se siente tan abatida? Algo ha regresado a su vida que parece haber estado inactivo por un largo tiempo. Es como una enfermedad. Las enfermedades hereditarias no se transmiten necesariamente a la siguiente generación, ¿no es cierto? Cuando usted entra al consultorio del doctor, él quiere saber todo su historial médico y el de su familia. Usted le llena esos largos formularios. Fundamentalmente, las enfermedades listadas en ellos son maldiciones generacionales. El doctor quiere saber quién tuvo qué enfermedad y quién murió de qué mal porque eso puede darle claves sobre lo que le aqueja a usted. La inclinación hacia una enfermedad puede ser pasada genéticamente, no solo las enfermedades fisiológicas, sino también las psicológicas, emocionales y espirituales.

Otra vez, el hecho de que exista una maldición en su familia no significa que deba caer sobre usted. Usted siempre puede tomar decisiones sanas que la mantengan a raya. Si ha sucedido algo que pueda encender esa maldición, usted puede haber logrado cierta sanidad interior. Quizás haya buscado liberación o algún ministerio de oración que detuvo la maldición para que no siguiera creciendo o desarrollándose.

Pero la maldición puede quedarse allí, aguardando simplemente el momento oportuno. El diablo sabe que tiene mucho tiempo. Él ha estado esperando y trabajando durante miles de años. Él sabe que ahora el tiempo se le acorta, y quizás sea por eso que vemos tantas maldiciones antiguas que se están reactivando en esta generación. Sin embargo, cuando la intervención piadosa neutraliza una maldición por una generación o por un tiempo, el diablo se relaja y dice: "Bueno, veremos que pasará en la siguiente generación". Él no está encerrado en el mismo continuo de tiempo/espacio que nosotros. Él no piensa en términos de la duración de una vida humana básica. Él no está urgido a hacer el mal si no tiene la oportunidad. Su límite no son 70 u 80 años, sino 700 u 800, o lo que sea necesario. Si no lo logra en esta generación, sus demonios no irán a ningún lado. Ellos no mueren.

Estoy convencido de que en algún lugar del infierno hay una lista de éxitos, y esa lista cataloga todas las maldiciones. Satanás las mira y dice: "Mmmm, George es realmente un buen muchacho. Hace setenta y ocho generaciones hubo un pervertido en su linaje, pero no puedo lograr que él haga ese tipo de cosas. Bueno, no importa. Veremos qué pasará con sus hijos o sus nietos. Tenemos tiempo".

LA ESPECIFICIDAD DE LAS MALDICIONES

Las maldiciones no se pueden romper contundentemente sin haber extraído información, porque la manera más efectiva de romperlas es ante todo revertir lo que haya sucedido. Esto se aplica tanto a las maldiciones que han sido invocadas en un ritual como a las que provengan de un comportamiento específico.

Usted debe averiguar todo cuanto le sea posible, preguntar quién, cómo, qué, cuándo, dónde y por qué:

1. *Quién:* ¿Quién creó la maldición? ¿Fue un ancestro o una persona con la que no se tenía ninguna relación?

2. *Cómo:* ¿Cómo fue creada la maldición? ¿Fue ceremonial (ritual) o genética (ancestral)? ¿Fue por la línea sanguínea o por decreto (una declaración, el acto de la voluntad de alguien)?

3. *Qué:* ¿Cuál es la naturaleza de la maldición, por ejemplo, se relaciona con la muerte, la salud, la pobreza, el sexo?

4. *Cuándo:* ¿Cuándo se inició la maldición? ¿Fue por una persona viva o por alguien que ya no está vivo? ¿La persona era conocida por la víctima o sucedió en edades pasadas?

5. *Dónde:* ¿Cuál es el sitio geográfico? Saber esto aportará pistas sobre la naturaleza de la raíz de la maldición.

6. *Por qué:* ¿Qué daño se intentó provocar con la maldición? Por ejemplo, ¿fue para trasmitir un don psíquico impío, victimizar sexualmente a alguien, crear una obsesión con la muerte?

Una maldición invocada en un ritual solo se puede romper revirtiendo ese ritual de alguna manera. Usted no necesita hacerlo exactamente como se hizo en un principio, pero puede ayudar saber lo que sucedió. Por ejemplo: Yo estaba trabajando con una mujer que una vez había escrito blasfemias contra Dios en un pequeño rollo. Para ayudarla a revertir la maldición, hice que hiciera lo opuesto. Escribió bendiciones en otro pequeño rollo, y lo guardó como había hecho con el primero.

He ministrado a gente que había participado en rituales muy arcaicos y exóticos, y he podido encontrar el equivalente de esos rituales en Levítico. Esto es porque las formas más altamente desarrolladas de magia negra de las sociedades secretas casi siempre se basan en una ley espiritual, y sus rituales frecuentemente contienen una versión tergiversada o distorsionada de las antiguas ceremonias de Israel.

La misma idea puede resultar útil con las maldiciones que resultaron de un comportamiento específico. Si alguien fue maldecido por su padre, lo bendigo como padre, como líder cristiano y como pastor. Esto funciona particularmente bien si soy del mismo género que la persona que originó la maldición. Cuando el Papa visitó los Estados Unidos y habló con las víctimas de abuso sexual por sacerdotes, ayudó a revertir la maldición del abuso de esas personas. Él reconoció la culpa de la institución que las había maldecido, habló sobre el perdón y los bendijo. Cuando los bautistas del sur emitieron una disculpa formal por la esclavitud, ayudaron a revertir la maldición que habían provocado en el tiempo de la Guerra Civil, cuando fueron abiertamente proesclavistas. Cuando el gobierno de Canadá emitió una disculpa a los pueblos indígenas por cómo los habían tratado en el pasado, ayudó a soltar las amarras de la maldición que había sido perpetrada cuando sus predecesores en el gobierno sacaron a las personas de sus hogares y trataron de forzarlas a que asimilaran la cultura dominante de América del Norte, muchas veces junto con ofensas personales muy graves.

Disculparse, pedir perdón por injusticias y daños específicos: eso puede probar ser muy importante para deshacer el poder de las maldiciones.

Convertir maldiciones en bendiciones

Romper una maldición no es tan simple como decir: "Fuera, en el nombre de Jesús". ¿Por qué tiene que ser tan complicado? Después de todo, no parece que le haya resultado tan difícil a Jesús o a sus primeros discípulos. Piense que con los años se han amontonado más obstáculos. El diablo tuvo más de 2000 años desde el tiempo de Jesús para ejercitar sus estrategias, 2000 años adicionales para poner en marcha su plan, para crear más maldiciones, para arraigarlas y para degenerar la civilización humana. Necesitamos más poder que el que tenían en la Iglesia primitiva porque necesitamos hacer cosas mayores que las que ellos hicieron. En muchas formas a Pedro, Santiago, Juan y Pablo le resultó más sencillo comparado con nosotros.

La Biblia nos dice que en el tiempo por venir no habrá más maldiciones. En el salón del trono de Dios, el Cordero reinará y su pueblo lo va a servir en completa libertad. Esa es nuestra esperanza.

Hay un tiempo futuro en el que todas las maldiciones serán derrotadas, pero como aún no hemos alcanzado ese tiempo, necesitamos comprometernos con la tarea que tenemos por delante, que es luchar y trabajar con la ayuda del Espíritu Santo contra la multitud de maldiciones que atestan nuestra existencia.

Es necesario que nos propongamos convertir las maldiciones en bendiciones, así como Dios lo hace. Estoy convencido de que las personas que han sido blancos de maldiciones son las mismas que tienen el potencial para grandes bendiciones. El diablo, que no quiere desperdiciar sus recursos, va detrás de las personas que tienen la mayor oportunidad de hacer algo grande para el reino de Dios. No solo trata de detenerlas, sino que también apunta a su destino, al centro de su unción.

Satanás puede ver anticipadamente su unción y su llamado. Cuando usted fue concebido y cuando nació, él podía ver cuándo caerían sus bendiciones, y va a trabajar para socavarlas. Su plan es convertir sus bendiciones en maldiciones siempre que le sea posible.

Una manera en que usted puede derrotarlo es convertir las maldiciones en bendiciones intencionalmente, dondequiera que vaya. Yo lo hago por otras personas permanentemente, y usted también puede hacerlo. Dondequiera que voy, pronuncio una bendición pastoral sobre el pueblo de Dios. Cada noche cuando no estoy de viaje, pronuncio una bendición sobre mis hijas. Incluso cuando estoy fuera de casa, lo hago por teléfono si me es posible. Al finalizar el día, hago una oración con cada hija individualmente, en presencia de mi esposa y la llevo a la cama. Uso la misma clase de palabras una y otra vez: "Declaro sobre ti salud, prosperidad, bendición, bondad, honor y favor de Dios". Quiero que lo último que nuestras hijas oigan antes de dormirse sea una palabra de bendición de parte de su padre.

Bendiga a sus hijos. Bendiga a su cónyuge. Bendiga a las

personas que estén a su alrededor. Bendiga a su pastor. Usted no sabe quién puede tener una maldición que necesita ser rota. Viva un estilo de vida de bendición. Por medio de sus palabras de bendición, las maldiciones invisibles pueden convertirse en bendiciones tangibles.

Capítulo 2

MALDICIONES POR LA CONDUCTA

En una sesión pública del ministerio le pedí a una mujer llamada Marie que me contara un poco sobre el origen de su angustia. "Fueron un montón de cosas", me respondió. "Haber sufrido abuso sexual cuando era niña y haber tenido que guardarme eso durante mucho tiempo. Nadie me creía".

Comencé a guiarla en una oración para romper la maldición: "Todo lo que hicieron mis ancestros"

"Todo lo que hicieron mis ancestros..."

"para servir al diablo..."

"para servir al diablo..."

"...Yo renuncio..."

"...Yo renuncio..."

"...en el nombre de Jesucristo..."

(Silencio)

"Satanás, vete de aquí". Le hablé enérgicamente al demonio y de repente se manifestó con gruñidos y retorciéndose en forma violenta. Uno de mis asistentes sostuvo a la mujer para evitar que sus patadas me golpearan.

"Sal de aquí. Estoy hablando con Marie. Vete. Satanás, la tomaste cuando era una niña y la dañaste con el abuso por lo que sus ancestros habían hecho. Y luego la atormentaste cuando su familia no le creyó. Dime tu nombre".

Rompa la maldición

Randy. (A veces los demonios toman el nombre del ser humano que comenzó la maldición, tal como "la maldición de Randy".)

"¿Ese es el nombre del hombre que abusó de ella?" Lo único que obtuve como respuesta fue un penetrante grito.

"OK, Marie, arreglemos esto. Debemos romper la maldición del hombre que abusó de ti y echar fuera el demonio que asumió ese nombre. Repite después de mí: "Yo, Marie"

"Yo, Marie…"

"rompo la maldición de Randy"

"rompo la maldición de Randy"

"La maldición está rota"

(Silencio) a continuación hubo una nueva lucha.

"Marie, di: 'La maldición está rota'. Dilo conmigo: "La maldición de Randy está rota", dilo.

(Con esfuerzo—) "La maldición de Randy está rota".

"Espíritu de Abuso, vete de Marie. Ya no tienes derecho sobre ella". Llamé al demonio para que se manifestara, forzándolo a acabar la maldición.

"Repite después de mí. Di: 'Yo, Abuso'…"

"Yo, Abuso…"

"acabo la maldición"

"acabo la maldición"

"…sobre Marie, y sobre sus futuras generaciones…"

"…sobre Marie, y sobre sus futuras generaciones…"

"…y todos nosotros…"

"…y todos nosotros…"

"…nos vamos…"

"…nos vamos…"

"…ahora…"

"…ahora…"

"…al…"

"…al…"

"¡infierno!"

"¡infierno!"

La audiencia que estaba observando gritó de júbilo ante semejante despliegue del poder de Dios, y luego hubo un gran silencio. Me dirigí a Marie mientras ella se sentaba en la plataforma, algo emocionada. "Quiero hacerte una pregunta, Marie. ¿Quién hizo esto por ti?

"Jesús".

"¿De quién es el poder?"

"De Jesús".

Marie regresó a su casa cambiada, ya no estaba más enojada, a la defensiva ni deprimida como antes. Más tarde me enteré que era boxeadora profesional de *kick boxing*, lo cual explicaba por qué era puro músculo. ¡Con razón necesité que mi asistente me ayudara ese día para que no me derribara de una patada! La he vuelto a ver desde entonces, y sigue estando libre de aquel horrible espíritu de Abuso que la había atormentado y la había llenado de temor y amargura.

LAS ACCIONES ACARREAN MALDICIONES

La forma en que los miembros de una familia y otras personas tratan a un niño verbal y emocionalmente afecta en gran manera, para bien o para mal, su desarrollo. Los niños que son valorados y protegidos de influencias dañinas tienen mayores probabilidades de convertirse en adultos seguros y pueden relacionarse con los demás de una forma sana.

Los niños que sufren desatención o abuso, en cambio, más adelante necesitarán consejería, sanidad interior y liberación. El maltrato casi siempre hace estragos en la vida de un niño. Si se habla o se trata de manera negativa o sin amor a un niño, se dará lugar a lo que llamo una "maldición de conducta" en su vida.

Lo que otros dijeron o no dijeron

La mayoría de nosotros estamos familiarizados con el efecto que causan las palabras hirientes. Un "te odio" no se borra fácilmente del vulnerable espíritu de un niño.

Pero maldiciones significativas también pueden acompañar lo que no se dijo. Los padres que nunca pronuncian las palabras: "Te amo" dejan al niño con la duda. Quizás mamá y papá me aman, aunque nunca lo digan. Pero quizás no. Esos niños nunca se sienten seguros, especialmente en tiempos de dificultad. Todo niño necesita recibir individualmente afirmación verbal.

Todos nosotros somos revisionistas emocionales. Tendemos a reescribir nuestra historia, deseando que las cosas hubieran sido de cierta manera, porque no queremos quedarnos atascados en el dolor del pasado. Así que pasamos por alto cosas como: "Bueno, mis padres no eran personas muy expresivas. No sabían lo importante que era eso. Estoy seguro de que su intención era la mejor. Los amo, y tenemos una muy buena relación". Esto hace a un lado la probabilidad de que su falta de afirmación verbal dejara una apertura demoníaca en el momento en que se produjo la herida emocional y eso resultara en una maldición. No es difícil reparar esa brecha y recibir sanidad interior, pero lo difícil puede ser aceptar que se necesita ayuda.

Si se dice: "Te amo" junto con acciones que muestran amor, es una de las mejores maneras de decir: "Te valoro". Si sus padres y otras personas que deberían haber valorado su vida nunca reconocieron lo que usted vale o no expresaron preocupación por su bienestar, esa falla puede haber hecho que usted se pregunte si en verdad vale algo. La estima y el valor pueden expresarse en formas verbales y no verbales, desde muy joven. De hecho, si no se ha expresado adecuadamente cuando el niño alcanzó los tres años, ya se produjo demasiado daño. La impronta en su identidad se forma en las primeras etapas de desarrollo, y se basa en cómo lo valoran o no los demás.

Por el resto de su vida quizás se encuentre tratando de ganar aprobación, o huir del potencial fracaso. Satanás puede usar el silencio para maldecirlo con sentimientos de rechazo aunque usted no haya sido rechazado abiertamente. Quizás en la superficie no parezca tan malo. Quizás no le dijeron explícitamente: "Desearía que no hubieras nacido", o: "Me arruinaste la vida", pero la falta de reafirmación positiva puede haber provocado que usted dude de su importancia. El silencio provoca una maldición.

Los niños pequeños necesitan muchos besos, abrazos y afirmación. Palabras como "arriba", "vamos", deberían usarse con frecuencia para darle al niño un sincero sentido de su verdadero valor.

Lo que otros hicieron o no hicieron

Un niño que crece en un entorno no afirmativo quizás no se dé cuenta en ese momento de que le falta algo. Para el niño eso parece normal. Sin embargo, más adelante en su vida, cuando se le haga difícil aceptar y amar a otros, el chico ya crecido quizás se dé cuenta de la gran influencia que tuvo años atrás la conducta de sus padres y de otros adultos. Esos niños—y usted podría ser uno de ellos—no encuentran natural mostrar afecto. A menudo tienen "problemas para relacionarse". La calidez instintiva está ausente o restringida.

¿Y qué sucede con los compromisos o los recuerdos que fueron ignorados? El juego de béisbol al que papá no fue, el cumpleaños que se olvidaron: quizás hayan sido justificados u olvidados por el niño, pero esas situaciones dejan en el corazón un agujero que el enemigo puede tratar de llenar más adelante con rabia y amargura. Cuando los chicos crecen y se comprometen con alguien para casarse, cualquier clase de negligencia relacionada con hitos importantes, así como la falta de atención a las heridas y luchas emocionales pueden remover una maldición de resentimiento.

Usted puede prevenir ese resultado en sus propios hijos sin importar cuántos años tengan. No puedo explicar cuán sanador fue para mí que mis ancianos padres comenzaran a decirme: "Te amo, Bob" en un sincero esfuerzo por compensar su falta del pasado. No hace mucho tiempo, con mi hija del medio, tuve la oportunidad de practicar lo que predico. Durante cinco meses había estado enfrascado en la filmación de un *reality show* de TV con horarios brutalmente intensos. Estaba completamente preocupado mentalmente cinco días a la semana, doce horas por día. Luego, el sexto día, volaba a algún lado para dar un seminario, y el séptimo día volaba de vuelta a casa para enseñar en algún equipo local de liberación. En medio de todo eso llegó el cumpleaños de mi hija, y yo no iba a poder estar presente para la celebración. Para rectificar la situación, le prometí que viajaría conmigo cuando fuera a dar uno de los seminarios.

Bueno, sucedió que el horario de filmación se cambió así que pude estar en su cumpleaños. Usted creerá que habiendo hecho eso ella se olvidaría de su viaje con Papi, ¿cierto? No señor. "Papi, dijiste que me ibas a llevar a Seattle". Así que cumplí esa promesa. Subimos hasta la cima de la Space Needle en medio de una tormenta de nieve con cero visibilidad, y dimos un paseo a caballo en otra tormenta de nieve con lluvia y granizo. Pero a ella no le importó. Obtuvo su viaje. Y esa es una situación menos de la que el enemigo podrá sacar ventaja.

Los comentarios de maldición pueden ser bienintencionados

Muchas veces al ministrar a alguien descubro una atadura profunda, espectacular, demoníaca, que se remonta a lo que puede haber parecido una situación relativamente insignificante. Generalmente es algún comentario hecho a la ligera, algo mordaz dicho con la intención de ser gracioso. La persona quizás no haya tenido la intención de dañar, pero si el desprecio verbal es respaldado por acciones inapropiadas, el daño puede ser permanente.

Aunque no se haya tenido la intención de causar daño, el resultado final es el menosprecio de la otra persona. La gente lo minimiza: "No quise hacer daño. No creí que tuviera importancia". Suponemos cómo se sentirá una persona sobre cierta situación, restándole importancia a lo que tal persona podría considerar realmente importante.

"No te hubiera interesado". Esta suposición lleva a conclusiones que la persona aún no ha sacado por sí misma. Le roba la posibilidad de decidir por ella misma sobre algo a lo que quizás al menos podría haber tenido la posibilidad de decir que no.

"Hice lo que pensé que sería lo mejor para ti". Sí, ¿pero cuándo tuve la oportunidad de reconsiderar el asunto? Aunque sea una afirmación sincera, puede ser una forma de ignorar arrogantemente las necesidades de la otra persona. Encogerse de hombros no es lo mismo que pedir perdón o reconocer el punto de vista del otro.

Satanás busca estas pequeñas cosas para lanzarse sobre ellas. No se necesitan demasiadas declaraciones como esas para abrir la puerta a una maldición involuntaria, particularmente si hay una maldición ancestral que yace bajo la superficie. Recuerde las palabras de la Biblia: "Sed sobrios, y velad; porque vuestro adversario el diablo, como león rugiente, anda alrededor buscando a quien devorar" (1 Pedro 5:8).

Debemos estar atentos a las afirmaciones inapropiadas y a las acciones negligentes que pueden dejar abierta la puerta para el enemigo. Por cierto que no necesitamos volvernos paranoicos con estas cosas, ni preocuparnos constantemente por cada palabra que digamos. Pero sí tenemos una responsabilidad para con los miembros de nuestras familias y para con las personas que nos rodean, no sea que sus sentimientos de insignificancia o de rechazo preexistentes crezcan hasta convertirse en un problema más grande.

La peor maldición de conducta: la violación sexual

A mi juicio, el abuso sexual debe ser lo peor que le puede ocurrir a una persona, especialmente cuando le sucede a un niño inocente e indefenso. La violación sexual es la peor manera de erradicar la integridad y la autoestima de alguien, porque la sexualidad de una persona es el más vulnerable centro de identidad. Cuando la identidad sexual no se protege ni se honra, ya ningún lugar del mundo puede resultar seguro, a menos que el amor de Dios traiga sanidad, libertad y plenitud.

Se comete mucho abuso sexual contra niños pequeños, incluso bebés. He ministrado personas que sufrieron trágicos traumas sexuales de manos de un adulto antes de que fueran lo suficientemente grandes como para tener la capacidad cognitiva para entender lo que sucedía, ni qué decir de la capacidad verbal para expresar lo que estaban sintiendo. El daño que se le causa al espíritu y a la psiquis de un niño es tal que sin un milagro de Dios y terapia a muy largo plazo, nunca se recuperan. Por el resto de sus vidas, quienes han sido abusados sexualmente (tanto hombres como mujeres) encontrarán que el mundo les resulta un lugar muy inseguro. Desarrollarán toda clase de fobias, mecanismos de defensa y comportamientos autodestructivos para tratar de lidiar con sus heridas emocionales.

Debido a que esto viola completamente a la persona en su totalidad, física, emocional y espiritualmente, la explotación sexual invita a un enjambre de graves maldiciones a la vida de una persona.

Conductas mentalmente dañinas

La maldición de una conducta que daña la salud mental tiene efectos a largo plazo que perduran aún mucho tiempo después que se ha ido la persona que dio origen a la maldición. El daño mental se entrelaza con el daño espiritual para enredar la vida en un laberinto sin salida, a menos que la maldición pueda ser rota y la víctima pueda ser cuidada hasta que se recupere completamente.

Las psicosis suelen ser un escape de los recuerdos de un brutal maltrato mental. La mente de la persona se aleja de la realidad tratando así de disminuir su dolor. Los delirios mentales traen una especie de alivio.

Con demasiada frecuencia las personas imitan lo que han observado en otros e incluso comienzan a hacer cosas que odian. Parece algo irracional, pero esa es la naturaleza del daño mental. En mi experiencia de ministrar sanidad interior a personas que han tenido problemas de salud mental, gente que sufre algún tipo de desorden alucinatorio, hasta el punto de la psicosis total, ha sufrido alguna experiencia terriblemente dañina en el pasado, algo tan grave que la única manera en que puede sobrevivir y evitar el suicidio o la incapacidad mental total es alejarse a una realidad alternativa, al menos de tanto en tanto y en diferentes grados. Sus mentes no pueden procesar lo que sucedió. Están agobiadas, y necesitan una válvula de seguridad.

Los recuerdos reprimidos pueden ser las fuentes de daño más difíciles de tratar. Algún incidente desconocido—ya sea porque sucedió cuando la persona era muy chica o porque el trauma la llevó a sepultar el recuerdo—actúa como una toxina que envenena el cuerpo, la mente y las emociones. Aunque pueda parecer que el incidente no está presente en la memoria consciente, persigue implacablemente a la persona.

Los demonios a veces enmascaran los recuerdos con el fin de perpetuar una maldición en la vida de la persona. Aunque parezca cruel en el momento de desenmascararlo, he tenido éxito al romper esas maldiciones ordenándole al demonio que suelte el recuerdo escondido. El recrudecimiento del dolor que acompaña a esa liberación parece casi imposible de tolerar, pero una vez que la persona vuelve a estar en contacto con los hechos y sentimientos, rápidamente se produce sanidad y liberación. A la larga ese puede ser el único camino para romper la maldición que se produjo como resultado de la conducta de alguien.

LLEGAR A LAS RAÍCES MÁS PROFUNDAS

Las maldiciones de conducta pueden ocurrir como resultado de la conducta de alguien, incluso de usted mismo. Lo que fuera que pudiera herir el alma y el espíritu puede permitir la entrada a una maldición.

Algunas cicatrices internas son de las heridas autoinfligidas. Las repercusiones de una acción pecaminosa se prolongan en las consecuencias de esa acción. Usted puede lamentar sinceramente su acto pecaminoso y estar arrepentido, pero en esencia es como si se hubiera disparado en el pie. Puede ser perdonado por lo que hizo, pero le deja una cicatriz, y con frecuencia eso afectará circunstancias posteriores de su vida.

Digamos que ha quedado embarazada antes de casarse. Una decisión momentánea (probablemente impulsiva) ha tenido repercusiones para usted, para su hijo, para su pareja y para muchas personas más. No puede culpar al diablo por todo, pero sí es cierto que él fue capaz de sacar ventaja de lo que usted hizo, hasta el punto de que a menudo a usted le cuesta diferenciar el bien del mal. Haya usted haya agregado otro pecado al hacerse un aborto o no, su vida se ha complicado. Sospecha que algunos de sus problemas tienen un patrón de maldiciones, pero sus esfuerzos por enfrentar los síntomas no han comenzado con la raíz, porque usted creía que ya había lidiado con eso.

O digamos que usted fue violada. La conducta deliberada de otra persona desgarró su vida. Por supuesto que esa persona estaba desquiciada o no hubiera echado a perder su vida. Fue un daño intencionado. Con el paso del tiempo, los problemas se van acumulando. Usted siente que se ahoga bajo una invisible nube de maldición, y quiere cortarla para poder vivir con gracia y libertad. Las palabras de la carta a los Hebreos tienen una aplicación personal para usted: "Asegúrense de que nadie deje de alcanzar la gracia de Dios, de que ninguna raíz de amargura brote y cause dificultades y corrompa a muchos" (Hebreos 12:15, NVI). Solo su Redentor Jesús puede sanarla, eliminar el daño interno y hacer como si no hubiese existido, aún cuando ese suceso decisivo forme parte de la historia de su vida.

Una tercera vía para las maldiciones de conducta es lo que llamo el dolor por sustitución. Alguien puede haber actuado en nombre de usted, y usted sigue sintiendo los efectos. Una persona que tenía el poder de actuar en su nombre (algo así como un apoderado espiritual), como un padre, pastor o esposo, hizo en su nombre una declaración que provocó una maldición.

Esto no tiene que ser necesariamente algo reciente. Puede que no haya sucedido durante su vida. Piense en las maldiciones transgeneracionales que ya he mencionado. Para llegar a las raíces profundas de una maldición, podría necesitar volver muchas generaciones atrás. Tal vez usted se sienta mal hoy porque alguien de su familia participó en alguna ceremonia demoníaca o practicó alguna forma de brujería. Usted puede haber nacido con una herida, y nadie lo sabía. Usted pensaba: "Es que soy así. Tengo que vivir con esto; es así como fui hecho".

Usted no puede evitarlo: se inquieta por los problemas. Trata de mejorar. Le gustaría experimentar cierto grado de gozo y paz. Hasta ahora ninguna terapia o ministración de sanidad interior ha sido suficiente. La herida invisible supura, y usted prácticamente puede ver al enemigo acechando para investigarlo e irritarlo.

Es hora de alcanzar las raíces más profundas, es hora de arrancarlas definitivamente, es hora de romper la maldición que ocurrió por una conducta desacertada. Es hora de asegurarse de que quede rota para que la sanidad pueda comenzar y para que el enemigo no pueda seguir sacando ventaja de ella.

Capítulo 3

LA MALDICIÓN DE
LA ILEGITIMIDAD

Estaba enseñando en un seminario cuando el Espíritu Santo me hizo notar a una muchacha de dulce apariencia que estaba sentada varias filas atrás. Con la Biblia, la cruz y la unción de aceite en mis manos, me acerqué a ella cuidadosamente. Cuando llegué a unos 15 pies (aprox. 4,5 m) de donde estaba sentada, la mujer reaccionó violentamente. Se puso de pie, gritando y arrojando sillas a los lados. Los que estaban cerca huyeron con pánico hacia lugares más seguros del salón del hotel.

"Aléjate de ella, no puedes tenerla", gritaron desde sus adentros los demonios. "Ella nos pertenece. Todas las mujeres de su linaje nos pertenecen".

Con la ayuda de varios asistentes del ministerio, pude controlarla para poder averiguar qué fuerza demoníaca estaba causando ese estallido. Supimos que el nombre de la mujer era Cindy. Aunque era hispana, el demonio decía ser un espíritu de Muerte y de Asesinato que se remontaba siete generaciones atrás, a un ancestro chino que torturaba personas antes de matarlas. (No es inusual encontrar ancestros con etnias muy diferentes a las de la persona que sufre la maldición. Ninguno de nosotros tiene idea de por qué lugares del mundo han viajado nuestros ancestros o con quién pueden haberse unido sexualmente, dando lugar a insólitas mezclas genéticas en nuestro linaje).

Al explorar un poco más la historia de Cindy, supimos que tenía un hijo ilegítimo producto de una violación; ella misma había sido producto de una violación, pues su madre también había sido violada. Supongo que también su abuela, y similarmente otras antepasadas deben haber sufrido el mismo abuso, porque es así como operan las maldiciones generacionales. Aunque la violencia y el asesinato de otro ser humano habían sido la raíz de la maldición, el demonio se jactaba de que se hubiera transmitido de generación en generación mediante la violencia sexual y la ilegitimidad resultante de ella. Cindy fue libre finalmente, pero no sin una intensa lucha que requirió que cuatro hombres corpulentos sostuvieran con fuerza su frágil cuerpo para evitar que yo mismo y otros fuésemos agredidos.

UNA BREVE HISTORIA DE ILEGITIMIDAD

La maldición de la ilegitimidad es una de las que encuentro con mayor frecuencia en mi ministerio tanto público como privado, y sé que la razón de que sea una de las maldiciones predominantes de nuestro tiempo es la desenfrenada inmoralidad de nuestra cultura. Las Escrituras y la ley de la tierra tienen mucho que decir sobre el nacimiento ilegítimo, y la realidad espiritual refleja la realidad física.

Legalmente hablando, los padres de hijos ilegítimos no estaban casados cuando el niño fue concebido. Espiritualmente hablando, las personas que acarrean una maldición de ilegitimidad pueden haber heredado un manto de ilegitimidad de antepasados nacidos fuera del un matrimonio, o haber sido concebidos ellos mismos fuera del matrimonio. Quienes llevan el peso de la ilegitimidad se sienten descalificados y desheredados, no solo por sus familias de origen, sino también en el Reino de Dios. La maldición de la ilegitimidad es muy común, incluso en una sociedad en la que esa terminología ya no es estigmatizante.

En el pasado, solo los hijos legítimos podían heredar las propiedades de sus padres. En los Estados unidos, un serie de decisiones de la Suprema Corte de los años 70 abolió la mayoría de las consecuencias legales de la bastardía (un término prácticamente obsoleto) definiéndolas como violaciones a las cláusulas de igualdad y protección de la decimocuarta enmienda de la Constitución de los Estados Unidos. Antes de que termine el siglo veintiuno, cada uno de los 50 estados habrá revisado su código legal para darles a los niños nacidos fuera de un matrimonio y a los niños adoptados los mismos derechos a heredar bienes de sus padres que el que tienen los niños nacidos de padres casados.

En el mundo occidental de hoy muchas personas no saben lo que es la ilegitimidad. Si usted utiliza la palabra "ilegitimidad" frente a adolescentes, la respuesta será una mirada perpleja. Les resulta difícil pronunciar la palabra. Esto a pesar de que la ilegitimidad ha crecido en proporciones epidémicas, incluso en enclaves culturales tradicionalmente considerados inmunes al problema. En la década de 1950, el 5 por ciento de los niños nacidos en los Estados Unidos eran hijos de madres solteras. Para el 2009, esa cifra creció al 41 por ciento, un promedio que incluye un 73 por ciento de niños negros, 53 por ciento de niños hispanos y 29 por ciento de niños blancos.[1] A pesar de que esas estadísticas son sorprendentes, probablemente sean bajas debido a que no se declaran. Suficiente estigma sigue siendo que la gente no siempre reporte el nacimiento ilegítimo. Y esas ni siquiera son las estadísticas más recientes.

UNA BREVE HISTORIA BÍBLICA SOBRE LA MALDICIÓN DE LA ILEGITIMIDAD

Aunque en términos civiles a la ilegitimidad se le ha quitado legalmente el estigma, no sucede lo mismo en lo espiritual. Acarrea una maldición. Incluso se podría decir que una de las razones por las que tenemos tantos problemas en este país es porque hemos desatado una maldición de ilegitimidad sobre nosotros mismos.

Técnicamente, el término significa "nacido de padres que no estaban casados", pero en el sentido espiritual, la maldición de la ilegitimidad se da en el momento de la concepción, e incluso si los padres "hacen lo correcto" y se casan, sus hijos acarrean las consecuencias de la ilegitimidad. En otras palabras, la decisión de los padres de casarse no rompe la maldición. Si a esto se le agregan las poderosas corrientes de historia familiar y conducta pecaminosa, y el número de personas que lucha contra una invisible maldición de ilegitimidad crece aún más. Los hijos ilegítimos son producto de violación, incesto, fornicación o adulterio.

Las Escrituras mencionan cuestiones concernientes al nacimiento ilegítimo. Por ejemplo:

> *Con sus ovejas y sus vacas irán en busca del Señor, pero no lo encontrarán porque Él se ha apartado de ellos. Han traicionado al Señor; han dado a luz hijos de otros padres.*
>
> —OSEAS 5:6-7 NVI

> *Entonces le dijeron: Nosotros no somos nacidos de fornicación; un padre tenemos, que es Dios.*
>
> —JUAN 8:41

> *No entrará bastardo en la congregación de Jehová; ni hasta la décima generación no entrarán en la congregación de Jehová.*
>
> —DEUTERONOMIO 23:2

Como se dice en el libro de Deuteronomio, la ley de Dios para los israelitas establecía que una persona que hubiera nacido en forma ilegítima (lo cual incluía a la descendencia de matrimonios prohibidos) era rechazada de la congregación del Señor. ¿Por qué hasta la décima generación? Al igual que con la expresión "hasta la tercera y cuarta generación" que mencioné en el primer capítulo, la cantidad de generaciones no debe tomarse literalmente. La expresión es un modismo y pretende expresar el sentido de perpetuidad de la maldición. (En el sistema numérico hebreo, el diez es considerado el número de perfección y completitud. Por lo tanto indica perpetuidad). Así que cuando la Ley dice que una maldición afecta a diez generaciones, no implica que para la undécima generación la maldición haya terminado. Significa que la restricción continuará para siempre.

Bajo la Ley del Antiguo Testamento, alguien a quien se designara como bastardo nunca podría unirse a la congregación en la adoración. Era así. Tenían que quedarse afuera. Esto tuvo repercusiones muy graves en el Antiguo Pacto pero también algunas ramificaciones significativas en el Nuevo Pacto. Bajo el Nuevo Pacto, establecido cuando Jesucristo vino a cumplir la Ley (vea Romanos 10:4), esa ley no se sigue aplicando. Pero necesitamos distinguir los resultados invisibles de la maldición desde la aplicación de la Ley. Los creyentes están bajo la gracia de Dios y pueden ser totalmente aceptados en la congregación del Señor. Y todos podemos venir a la iglesia. Hemos sido perdonados por nuestros propios pecados y por los pecados de nuestros padres y nuestros ancestros. Sin embargo, podemos acarrear las consecuencias de la maldición de la ilegitimidad, y es importante entender cómo activar nuestra libertad en ese aspecto.

Ahora, es verdad que el remanente de la ley del Antiguo Pacto permanece en el derecho canónico de la iglesia:

> A las personas nacidas ilegítimamente la ley canónica les prohíbe recibir cualquiera de los sacramentos menores sin la dispensa de un obispo; tampoco pueden ser admitidos en la iglesia latina para recibir los sacramentos santos [es decir, el ministerio] ni los beneficios de la cura de almas [cargos eclesiásticos acompañados de ingresos o propiedades como una casa parroquial o vicaría] con la excepción de una dispensa del Papa. En

la Iglesia de Inglaterra un bastardo no puede ser ordenado sin una dispensa de un monarca o del arzobispo.[2]

Los antiguos judíos y los primeros padres de la Iglesia veían que los seres humanos iban contra el orden supremo de la naturaleza de la creación de Dios, y tomaban muy en serio cualquier cosa que fuera en menosprecio de ello. El adulterio, la violación, el incesto, el abuso y la fornicación, así como la mutilación física (fuera intencional o no) eran vistos como una afrenta al divino orden de la creación.

Entre los antiguos judíos, las personas cuyo nacimiento era ilegítimo no podían reclamar herencia paterna ni demandar ser tratados como hijos de la familia. A esto se refiere Hebreos 12:8 cuando establece la siguiente comparación entre el trato que pueden esperar los hijos de Dios y el que se les da a las personas que no se relacionan con Él como sus hijos:

> *Y habéis ya olvidado la exhortación que como a hijos se os dirige, diciendo: Hijo mío, no menosprecies la disciplina del Señor, ni desmayes cuando eres reprendido por él; porque el Señor al que ama, disciplina, y azota a todo el que recibe por hijo. Si soportáis la disciplina, Dios os trata como a hijos; porque ¿qué hijo es aquel a quien el padre no disciplina? Pero si se os deja sin disciplina, de la cual todos han sido participantes, entonces sois bastardos, y no hijos.*
>
> —HEBREOS 12:5-8

Si todo esto le parecen legalismos demasiado quisquillosos, simplemente recuerde que el diablo es el único que saca ventaja de los tecnicismos espirituales. Siempre está buscando vacíos legales. Ese es el motivo principal por el que debemos cruzar nuestras "tes" espirituales y ponerle punto a nuestras "íes" y conciliar todos los aspectos de una situación lo mejor que podamos.

RESUMEN DE VERDADES SOBRE LA MALDICIÓN DE LA ILEGITIMIDAD

La razón por la que he dedicado todo un capítulo a la maldición de la ilegitimidad es la frecuencia con que se presenta en nuestra cultura. Las personas que ministran liberación a otros se encuentran con ella casi todas las veces. Piense en esto. Si la maldición por la ilegitimidad sigue efectiva por más de diez generaciones, ¿cómo podría alguien escapar a ella? Cada uno de nosotros nació de la unión de dos personas. Cada uno de ellos nació de la unión de otras dos personas, cuatro en total. Si usted retrocede ocho generaciones, aproximadamente al tiempo de Abraham Lincoln, cada uno de nosotros tiene 250 personas que contribuyeron a nuestra herencia genética y espiritual. Si se sigue remontando hacia atrás, el número sube exponencialmente. Para el momento en que lleguemos a la época de Shakespeare, habremos alcanzado 16 384 ancestros, y así podríamos seguir. En algún lugar, entre semejante cantidad de personas, casi seguramente habrá alguien que haya producido un hijo ilegítimo. Cada uno de nosotros es producto de mucho bien pero también de mucho mal. Se han cometido muchos pecados y pronunciado muchas maldiciones. Parte del problema se resuelve cuando somos salvos, pero no todo. No todas las maldiciones están activas en un individuo, pero si sospechamos que hay una maldición preexistente, deberíamos romperla.

Sea que usted haya sido concebido o nacido ilegítimamente o no, la mayoría, sino todos, hemos llegado a la fe llevando alguna maldición de ilegitimidad. Luego de miles de años de historia, ¿cómo podría la genealogía de alguien no estar teñida con algún nacimiento ilegítimo? Los linajes se perpetúan con actividad sexual y la actividad sexual está plagada de actos ilícitos, muchos de los cuales resultan en embarazos y nacimientos. La maldición puede haber sido debilitada por el tiempo (o reforzada, especialmente si usted o sus padres nacieron fuera del matrimonio), pero creo que todos nosotros necesitamos tratar con esta maldición tarde o temprano.

Las siguientes son cuatro verdades sobre la maldición de ilegitimidad que es esencial que usted conozca. Explicaré cada una:

1. Esta maldición cae sobre la progenie de adulterio, violación, incesto y fornicación.

2. Esta maldición dura para siempre.

3. Esta maldición no se puede romper legitimando el matrimonio.

4. La gracia de Dios en el Nuevo Pacto deja sin efecto el Antiguo Pacto.

1. Esta maldición cae sobre la progenie de adulterio, violación, incesto y fornicación. Incluye todo encuentro no autorizado (bíblica o moralmente no autorizado) que dé como resultado el nacimiento de una criatura. Esto puede incluir también alguna forma de alquiler de vientre. (Mire los problemas que han tenido Abraham y su descendencia con Ismael). La capacidad del diablo para atormentar a un niño—y también a sus padres—con la maldición de la ilegitimidad se relaciona con el estado en el que se encuentran un hombre y una mujer cuando se unen sexualmente fuera del matrimonio bíblico y legal.

2. Esta maldición dura para siempre. Como dije antes, el número diez indicaba completitud para el pueblo hebreo. Al romper la maldición de ilegitimidad, no solo estamos tratando con un principio básico ("una maldición no estará rota hasta que se la rompa"), sino que tratamos con un mandato bíblico específico que declara en blanco y negro: "Esta maldición dura para siempre". Es decir, hasta que se rompa por el poder de Dios de una vez y para siempre.

3. Esta maldición no se puede romper legitimando el matrimonio. En cuanto a la maldición, no importa si los padres

terminan por casarse. Desde la perspectiva de la ley civil o canónica, el matrimonio sí legitima el nacimiento, y por supuesto que será más probable que el niño tenga un entorno estable si los padres se casan.

4. La gracia de Dios en el Nuevo Pacto deja sin efecto el Antiguo Pacto. El "para siempre" del Antiguo Pacto se convierte en el "nunca" del Nuevo Pacto, por la sangre de Jesucristo. Resulta vital entender esto, especialmente si usted mismo es producto de una concepción y un nacimiento ilegítimos. No tengo la intención de hacerlo sentir culpable. La completa libertad de la maldición está a su alcance, y usted debe ser plenamente capaz de ingresar a la vida de la Iglesia según el llamado que tenga, sin nada que lo detenga.

CÓMO IDENTIFICAR LA MALDICIÓN DE ILEGITIMIDAD

¿Cómo se puede saber si los problemas que usted u otra persona tienen provienen de una maldición de ilegitimidad? Veo cuatro indicadores fiables, que son los siguientes: (1) Problemas con la adoración, la oración y la generosidad; (2) Problemas para leer la Biblia; (3) Malestar en la comunión con los creyentes; (4) Cuestionamiento constante sobre la propia salvación.

En otras palabras, usted encontrará una innata e instintiva oposición a la vida de la Iglesia. Para las personas que tienen una maldición de ilegitimidad congregarse es todo un desafío. Tienden a ser solitarios y a asistir a la iglesia esporádicamente. Quizás no disfruten la adoración colectiva o el estar cerca de otros miembros del Cuerpo de Cristo. No serán fieles en sus diezmos u ofrendas porque la maldición se los impide constantemente.

Incluso leer la Biblia a solas puede resultarles difícil. No solo no tienen deseos de leer la Palabra, sino que les resulta difícil entenderla. Personas que sufren esta maldición me han dicho: "Trato de leer la Biblia. Pero no la entiendo. De verdad, casi nunca tengo ganas de leerla".

Tal como sucede con la adoración colectiva, cualquier reunión en comunión hace que estas personas se sientan incómodas. Tener un vínculo con personas de fe les resulta algo antinatural. A las personas que tienen una maldición de ilegitimidad no les gusta estar con otros miembros del Cuerpo de Cristo. No les gustan las actividades de la Iglesia, en primer lugar, pero si llegan a la reunión o a algún evento de la Iglesia, serán los primeros en irse apenas termine.

No es porque alguien les haya dado un sermón, diciendo: "No perteneces a este lugar. No deberías venir a la iglesia". No es necesario que nadie les diga nada, porque estas personas tienen una respuesta instintiva a las reuniones de comunión cristiana: "No soy bienvenido. No me siento cómodo". Ellos no procesan esa información cognitivamente. No investigan las proscripciones de Levítico ni se comparan con los marginados. Solo lo sienten en lo profundo de su ser, y los demonios se adhieren a esta maldición haciendo que estas personas se sientan inseguras.

A veces estas son las personas que pasan adelante repetidamente en los llamados al altar, inseguras de su salvación. Vuelven una y otra vez para que los pastores oren por ellos, buscando ayuda para sus inseguridades sobre lo que sienten en cuanto a su comunión con Dios, la casa de Dios y el pueblo de Dios. Nunca sienten libertad respecto a sus dones espirituales, y nunca están seguros de su destino espiritual.

Esa inseguridad es una de las consecuencias de la maldición de ilegitimidad. Ellos no están cómodos en la iglesia, y no pueden conectarse con otras personas de la iglesia, sin importar lo que hagan. Llegan, y siguen todo el protocolo porque saben que deben hacerlo. Tienen hambre de adorar a Dios y estar en su presencia. Pero nunca se sienten del todo cómodos.

No se dan cuenta del hecho de que los mandamientos del

Antiguo Pacto penden sobre sus cabezas. La maldición está operando en la forma en que fue establecido que lo haga, y los retiene impidiéndoles apropiarse de la gracia del Nuevo Pacto y la misericordia de la sangre de Cristo. Están atrapados, y no saben qué hacer.

ROMPER LA MALDICIÓN DE ILEGITIMIDAD

Así que ¿qué puede usted hacer respecto a la maldición de ilegitimidad?

Ante todo, si sus ancestros cometieron actos que llevaron a la ilegitimidad y uno o más de sus antepasados nacieron de manera ilegítima, usted tiene derecho a renunciar a las maldiciones que provocaron sus acciones al respecto. Si usted tiene un hijo que aún no es mayor de edad (18 años), puede romper la maldición en nombre de su hijo, porque usted tiene la voz de autoridad sobre el linaje del niño.

Si el padre está disponible y dispuesto, él debería romper la maldición en nombre de su hijo. Si el padre o esposo rehúsa tomar la responsabilidad espiritual por el hijo, la madre puede romper la maldición. Esto sucede frecuentemente por causa de padres ausentes, divorcios o separaciones matrimoniales. La madre puede declarar que ella es la Novia de Cristo, y que la autoridad del Señor reemplaza la del padre como cabeza del hogar.

La maldición de ilegitimidad es lo que llamo una maldición central. Ella prueba ser el fundamento de mucho de lo que el diablo hace en las vidas de las personas. Diría que algunas de las otras maldiciones son tangenciales. Satanás puede usarlas o no. Pero las maldiciones centrales son fundamentales para la civilización y centrales para las relaciones humanas. Satanás sabe cómo construir sobre ellas. Por lo tanto, depende de nosotros saber cómo deshacernos de ellas.

He visto un increíble alivio cuando se rompe esta maldición. Es casi instantáneo. Y le puede suceder a usted en este mismo momento. Si usted es un hijo ilegítimo, o si es padre de un hijo ilegítimo, por favor, tómese un momento para repetir esta oración:

UNA ORACIÓN DE RENUNCIA PARA ROMPER LA MALDICIÓN DE ILEGITIMIDAD

Yo, _____, confieso al Señor Jesucristo como mi Salvador, y renuncio al reino de las tinieblas, junto con todas las obras del diablo. Renuncio a todos los pecados de mis ancestros hasta Adán y Eva y de todos los que estuvieron en el medio. Renuncio especialmente a todos los pecados sexuales de mis ancestros y en particular a los pecados de adulterio, fornicación, violación e incesto. Si alguno de mis ancestros cometió estos pecados, declaro su efecto sobre mí anulado e invalidado. Si soy padre de un hijo ilegítimo, y ese hijo aún no es mayor de edad en el país donde vive, hablo en nombre de mi hijo y declaro que la maldición de ilegitimidad sobre él está rota por la virtud y el poder de la sangre de Cristo y la autoridad que tengo en su nombre. Ahora esta maldición de ilegitimidad está rota y la renuncio hasta la décima generación y a perpetuidad. Esta declaración es obligatoria para todas las fuerzas demoníacas que hasta ahora habían ejercido alguna influencia por causa de esta maldición. Todo efecto de esta maldición queda roto, incluyendo todo obstáculo para la adoración, la oración, la generosidad y los actos de caridad, la lectura de la Palabra de Dios, la asistencia a la casa de Dios y cualquier inhibición referida a la comunión cristiana. Declaro que todo esto el legal y que se cumple en la tierra como en el cielo. Todo hijo ilegítimo mío y yo mismo somos libres de esta maldición y de ahora en adelante tenemos todo el derecho a entrar en una relación personal y completa con Dios, a disfrutar todos los beneficios de la adoración en el Cuerpo, incluyendo el recibir el cuerpo y la sangre de nuestro Señor Jesucristo por medio de la Santa Cena. En el nombre del Padre, del Hijo y del Espíritu Santo, ¡la maldición de ilegitimidad queda rota! Amén.

Capítulo 4

Palabras de Maldición

Ministré a un joven cuyo padre era pastor. Si alguien hubiera conocido a este adolescente en un grupo de jóvenes podría haber pensado que era el mejor chico cristiano de la manzana. Pero era un muchacho realmente conflictivo, y parte de él estaba tan enojado con su padre que quería matarlo.

Esta ira agresiva era tan profunda que quería ver muerto a su padre, no mera parte de un pasajero estallido adolescente. Estaba arraigada en un incidente específico que había sucedido años atrás. Su padre había pronunciado palabras hirientes contra él, y las graves consecuencias (desconocidas para el padre) incluyeron compromiso demoníaco y que el muchacho maquinara meticulosamente para estar seguro de que su padre muriera por haberle dicho aquellas palabras.

La iglesia de su padre era pequeña, y aparentemente él no había podido alcanzar mucho éxito visible en la vida. Supongo que este padre tenía muchos problemas propios. Estaba deprimido y gruñía gran parte del tiempo.

Cuando el muchacho era más chico estaba motivado por la ambición. Un día, miró a su padre con una gran sonrisa en su rostro y le dijo: "¿Sabes qué, Papi? Cuando sea grande voy a ir a Harvard, y algún día seré un doctor".

¿Qué le respondió su padre? ¿Alentó lo que podría haberle parecido un sueño? ¿Palmeó a su hijo en la cabeza y le ofreció una desabrida afirmación? No, el hombre miró a su hijo y le dijo: "Cállate. No quiero oír que se hable de eso en esta casa. Nadie de esta casa va a ir a Harvard, y nadie de esta casa se convertirá en doctor jamás, y se terminó. Nadie llegará a nada. Basta de tonterías. Termina con eso. Nunca más vuelvas a mencionarlo".

El muchacho quedó deshecho. Estaba verdaderamente entusiasmado con la idea de llegar a ser un doctor educado en Harvard. Sabía que la reacción de su padre a lo que él había dicho era desproporcionada, pero las palabras ya habían hecho daño. Su corazón comenzó a encresparse y a secarse.

Cualquiera puede entender que quizás tomó a su padre en un momento especialmente malo. No se discute que sea bueno para los niños tener sueños y deseos nobles. Algunas personas podrían incluso disculparlo diciendo: "Bueno, él no quería que su hijo tuviera expectativas irracionales porque después tendría que destrozarlas, la familia nunca podría estar en condiciones de suministrarle esa clase de oportunidades".

Pero la Biblia dice: "Padres, no provoquéis a ira a vuestros hijos" (Efesios 6:4, RV60), y esa sola provocación abrió un gran puerta para un demonio y una maldición.

El muchacho nunca se lo volvió a mencionar al padre, pero no podía dejar de pensar en las palabras que él le había dicho. Comenzó a actuar con torpeza en el colegio (cuando antes había sido un excelente estudiante, probablemente un candidato a Harvard). Y comenzó a fantasear acerca de cómo podría matar realmente a su propio padre.

Por supuesto, el padre no sabía nada de todo esto. Finalmente, el joven se alarmó por su comportamiento, que era cada vez más errático, y por el profundo odio que sentía hacia su padre. Vino a uno de nuestros seminarios buscando ayuda. Cuando me compartió su historia, reconocí que la persistente animosidad que tenía contra su padre se había convertido en una puerta abierta a una seria opresión demoníaca. Esto condujo al exorcismo de un espíritu de Asesinato que había entrado porque la palabra de maldición pronunciada por su padre lo había llevado a una prolongada amargura. Una vez que la maldición fue rota y el demonio de Asesinato fue expulsado, el joven comenzó el proceso de reconstrucción de su vida y de su sueño.

ENTENDER LAS PALABRAS QUE HIEREN

La lengua humana es una fuerza poderosa. Todos sabemos esto por experiencia personal. Recuerde lo que Santiago les escribió a los primeros cristianos:

Todos fallamos mucho. Si alguien nunca falla en lo que dice, es una persona perfecta, capaz también de controlar todo su cuerpo. Cuando ponemos freno en la boca de los caballos para que nos obedezcan, podemos controlar todo el animal. Fíjense también en los barcos. A pesar de ser tan grandes y de ser impulsados por fuertes vientos, se gobiernan por un pequeño timón a voluntad del piloto. Así también la lengua es un miembro muy pequeño del cuerpo, pero hace alarde de grandes hazañas. ¡Imagínense qué gran bosque se incendia con tan pequeña chispa! También la lengua es un fuego, un mundo de maldad. Siendo uno de nuestros órganos, contamina todo el cuerpo y, encendida por el infierno, prende a su vez fuego a todo el curso de la vida. El ser humano sabe domar y, en efecto, ha domado toda clase de fieras, de aves, de reptiles y de bestias marinas; pero nadie puede domar la lengua. Es un mal irrefrenable, lleno de veneno mortal. Con la lengua bendecimos a nuestro Señor y Padre, y con ella maldecimos a las personas, creadas a imagen de Dios. De una misma boca salen bendición y maldición. Hermanos míos, esto no debe ser así.

—Santiago 3:2-10

Toda persona de la tierra ha sido afectada por el poder de la lengua, tanto positiva como negativamente. Cuando las palabras transportan veneno, los resultados son como los incendios de los bosques y las tempestades del océano, y otras personas resultan atrapadas en efectos colaterales, a veces con perjuicios muy serios. El enemigo busca oportunidades para infligir su tortura a la gente que ha sido herida por las palabras de otros, gente cuyos corazones atormentados yacen abiertos de par en par dando lugar a su manifestación demoníaca. Toda clase de maldiciones puede ser activada con solo una simple palabra maligna, especialmente cuando es pronunciada por alguien que tiene autoridad sobre la persona a quien habla, como cuando un padre o una madre le hablan a uno de sus hijos.

Junto con la comunicación de palabras dañinas vienen maldiciones, tan ciertas como que a "A" le sigue "B", porque esa es la forma en que Dios lo estableció. Por lo tanto debemos evitar diligentemente las palabras que traigan oscuridad, tanto pronunciarlas (en lo que de nosotros dependa) como recibir de otros tales palabras inductoras de maldición. Nuestra tarea es llevar luz a las situaciones más oscuras.

En consejo de Pablo, inspirado divinamente, sirve no solo a las personas a quienes él escribió la epístola, sino también a nosotros hoy:

No se dejen engañar por los que tratan de justificar esos pecados, porque el enojo de Dios caerá sobre todos los que lo desobedecen. No participen en las cosas que hace esa gente. Pues antes ustedes estaban llenos de oscuridad, pero ahora tienen la luz que proviene del Señor. Por lo tanto, ¡vivan como gente de luz! Pues esa luz que está dentro de ustedes produce sólo cosas buenas, rectas y verdaderas. Averigüen bien lo que agrada al Señor. No participen en las obras inútiles de la maldad y la oscuridad; al contrario, sáquenlas a la luz.

—Efesios 5:6-11

Sacar a luz las palabras de la oscuridad

¿Qué son las palabras inútiles ("palabras vanas" dice la versión Reina Valera)? No solo son palabras de engaño espiritual dentro del ámbito de la teología, cuya intención es engañar a las personas, sino que incluyen cualquier palabra dicha sin tener en cuenta los efectos dañinos que pueden repercutir en otros. Son palabras que hieren. Las heridas resultantes quizás no puedan sanar en toda la vida de una persona. De hecho, frecuentemente engendran maldiciones que prevalecen en la línea familiar desde ese momento en adelante.

A veces creemos que las acciones negativas tienen consecuencias peores que las simples palabras, pero con demasiada frecuencia lo que sale de la boca de una persona es mucho más corrosivo, perdurable y penetrante que las acciones por sí mismas.

Sea cuidadoso de sus propias palabras. Jesús nos advirtió que por cada palabra ociosa (vacía, vana) que pronunciemos, daremos cuenta en el día del juicio:

> *El que es bueno, de la bondad que atesora en el corazón saca el bien, pero el que es malo, de su maldad saca el mal. Pero yo les digo que en el día del juicio todos tendrán que dar cuenta de toda palabra ociosa que hayan pronunciado. Porque por tus palabras se te absolverá, y por tus palabras se te condenará.*
>
> —Mateo 12:35-37

Las palabras vanas serán tomadas en serio por el diablo. No importa que usted realmente no haya querido decir lo que dijo. Él tomará las palabras como botín y correrá con ellas, causando dificultades a la persona a la que fueron dichas así como a la persona que las dijo, y hará tanto daño como le sea posible.

Cuando el padre de la historia de más arriba le dijo a su hijo que ni él ni nadie de su familia lograrían nada, para el diablo esa fue una declaración de una verdad. Atravesó el corazón del muchacho con esa afirmación, y el veneno comenzó a emanar su efecto. La trayectoria de la maldición se había establecido. Como el padre nunca se retractó ni rompió la maldición que había engendrado, era como si el chico estuviera atrapado en una tela de araña. Su única esperanza de escapar estaba en el futuro, cuando con la ayuda de Dios él pudiera romper la maldición y ser libre.

EJEMPLOS DE PALABRAS QUE HIEREN

Prácticamente nadie lo hace con mala intención cuando pronuncia palabras que hieren. Pero el efecto es el mismo, se induce una maldición. Satanás se abalanza sobre las palabras que hieren y las lleva hasta los límites de su sentido literal. Recuerde la próxima vez que escuche (o que esté tentado a decir) algo como: "Vete al infierno" o "Maldito seas" o "Seré maldito". Quizás el sentido final no se note instantáneamente, por supuesto. Pero un deseo de muerte puede ser seguido por toda una vida miserable. Un día, el tiempo se acabará.

Cuando una persona le dice a otra: "Vete a la m_____", ¿qué está diciendo en realidad? ¿Es una expresión común en nuestra cultura actual, una manera moderna de hablar, como "no me molestes, déjame tranquilo"? Lamentablemente, es más que eso. Cuando usamos lenguaje vulgar o palabras condenatorias en cualquier clase de conversación, acarreamos maldición a la persona a la que le hablamos, y la maldición vuelve a nosotros, está incluida en el trato. En este caso, desacralizamos el sentido más profundo de nuestra espiritualidad. Convertimos la intimidad física y emocional en una mala palabra, en lugar de usarla como una expresión personal y profunda. El sexo se reduce a un epíteto, y se lo divorcia del contexto de la comunicación cariñosa.

A veces nuestras afirmaciones son contra nosotros mismos, y esos juramentos, dichos en momentos de pasión y frustración, acarrean una maldición adicional sobre nuestras propias cabezas. Cosechamos lo que sembramos (vea Job 4:8; Proverbios 22:8; Oseas 10:13; Gálatas 6:7-8). Cuando se siembran palabras malignas, se garantiza una cosecha de maldición y dolor.

La esposa le dice a su esposo: "Desearía que estuvieras muerto".

Completamente deprimida, una muchacha suspira: "Desearía estar muerta".

En un momento de enojo, una mamá le dice a su hija: "Desearía que nunca hubieras nacido".

Más tarde, la hija agrava la maldición diciendo: "Desearía no haber nacido".

Un esposo mira con desprecio a su esposa y suelta: "Simplemente desearía no haberme casado contigo".

Otro esposo, que también es padre, encuentra la oportunidad de hacer comentarios despectivos a su hijo. Finalmente un día los remata con: "Mi vida era genial hasta que tu llegaste".

¿Con cuánta frecuencia hemos escuchado (o declarado)?: "¡Nunca más le volveré a hablar!" "Nunca volveré a _____". "No quiero verlo nunca más". Tales palabras engendran una maldición. Quienes las pronuncian se atan con un juramento. Se están comprometiendo a sí mismos en un curso de acción que desobedece lo que Cristo nos ha enseñado.

No nos damos cuenta de lo que estamos haciendo cuando hacemos un voto. Un voto es una declaración solemne del mal hecha intencionalmente por escrito o hablada. Podría llevarlo en un viaje bíblico para explorar las cosas horribles que han sucedido como resultado de los votos hechos por las personas. Por ejemplo, ¿recuerda lo que le pasó a la hija de Jefté? Puede leer la historia en Jueces 11. Jefté era hijo de un hombre llamado Galaad y de una ramera. Sus medio hermanos lo echaron de la familia. Ya adulto, condujo a los israelitas a la guerra contra los amonitas. Teniendo el éxito militar a su alcance, pero para asegurarse de que ganaría la batalla, hizo un voto al Señor. Prometió sacrificar a cualquiera que saliera de su casa a recibirlo cuando regresara, probablemente suponiendo que sería algún animal que sería aceptable para un holocausto. Luego de su victoria sobre los amonitas, regresó a casa. ¿Quién atravesó la puerta para recibirlo sino su amada y única hija? Jefté estaba devastado por lo que había hecho, pero estaba atado por su voto y tenía que cumplirlo. Después de darle dos meses a la muchacha para que llorara con sus amigas, mató a su propia hija. (Algunos comentaristas piensan que quizás no la asesinó realmente, sino que la consignó a virginidad perpetua, una condición que era muy similar a una sentencia de muerte en el antiguo Israel. De cualquier manera, fue un horrible final para su apresurado voto).

Como los votos son algo serio, hasta Jesús advirtió en el Nuevo Testamento: "Cuando ustedes digan (sí), que sea realmente sí; y cuando digan (no), que sea no. Cualquier cosa de más, proviene del maligno" (Mateo 5:37).

También hay juramentos, que sirven como autenticación de los votos. Mi definición de un juramento es la siguiente: "La autenticación de un propósito malvado afirmando el compromiso de cumplirlo".

¿Cómo sonaría un juramento? Es común que escuchemos: "Bueno, estoy condenado si dejo que _____ suceda". ¿Realmente quieren ellos ser condenados? ¿Realmente quieren sufrir el castigo eterno de los fuegos del infierno, separados de Dios? Eso es literalmente lo que están llamando sobre sus cabezas cuando afirman algo así.

¿QUIÉN PRONUNCIA PALABRAS QUE HIEREN?

Además de pronunciar palabras dañinas sobre nuestras propias vidas, ¿quién más es culpable de decir palabras que hieren? ¿Los enemigos jurados? ¿Gente relativamente desconocida que nos desea el mal porque hicimos algo que los enojó? En verdad, las personas que pronuncian las palabras más hirientes sobre nosotros son aquellas con las que más tratamos, nuestros amigos y familiares. Si usted tiene la edad suficiente, quizás se acuerde de una canción que se llamaba "You Always Hurt the One You Love, the One You Shouldn't Hurt at All" (Siempre lastimas al que amas, aquel a quien nunca deberías lastimar). Hay una gran verdad en eso. Decimos cosas terribles a las personas que están más cerca de nosotros. Jamás le diríamos algo así a un extraño. No nos preocupamos por ser cuidadosos con nuestra lengua cuando se trata de las personas con quienes tenemos una relación.

Sus enemigos pueden haberlo o tal vez hayan dicho cosas hirientes y ese conductor anónimo puede haber causado que usted se saliera del camino en la autopista, pero nada de eso lo afectará tanto como lo que su cónyuge o sus padres digan. Eso es lo que duele en el alma. Cuando las personas que deberían amarlo, cuidarlo y protegerlo hablan mal a su vida, sus palabras le causan un daño considerable.

Los padres automáticamente tienen autoridad espiritual sobre sus hijos. Si abusan de esa autoridad, es como si entregaran a sus hijos en manos del enemigo. A continuación vendrá, automáticamente, una maldición, porque alguien con autoridad ha decretado algo dañino. Es peor cuando hay acciones que acompañan a las palabras. Si un padre comete incesto con un hijo, ese acto le da permiso legal al demonio para poseer al niño. Si un padre abusa verbal y emocionalmente de su hijo, a los demonios se les habrá dado una carta blanca para atacar al niño indefenso, y no dudarán en hacerlo.

Cuando un padre grita: "¡Desearía que nunca hubieras

nacido!" eso le da al diablo derecho a poner una maldición de abandono y una maldición de rechazo sobre el niño. Al ministrar a la gente, he encontrado a más de uno que me ha dicho que sus padres le dijeron: "Bueno, debería haberte abortado de entrada". El aborto es asesinato. Estos padres estaban dispuestos a cometer asesinato para deshacerse de su propio hijo. Y ahora esos mismos padres no pueden entender de dónde viene ese espíritu de asesinato.

Hay personas que me contaron que, cuando estaban creciendo, estaban enfermas todo el tiempo y parecían tener más accidentes que otras personas. Luego de un tiempo, sale a luz que sus padres les habían dicho algo como: "Desearía que te hubieras muerto en esa ocasión. Ojalá no hubieras sobrevivido. Me gustaría que estuvieras muerto porque me arruinas la vida". Qué cosa horrible es decir esto, y qué carga terrible y llena de maldición se coloca sobre su propio hijo.

Algo similar a esto sucede a veces cuando los padres se divorcian. Es suficientemente malo que los hijos suelan culparse a sí mismos por los problemas matrimoniales y el fracaso de sus padres, pero los padres van más lejos aún y a veces le echan la culpa directamente a los hijos, diciendo cosas como: "Sabes, yo todavía estaría casado si no fuera por ti". ¿Qué tan horrible es eso? Es aún más imperdonable cuando un padre o padrastro abusó sexualmente de un niño, y ahora no solo la madre niega categóricamente el abuso sexual, sino que culpa al niño por la ruptura matrimonial. Ella misma no asume ninguna responsabilidad por su pésima elección de hombres, y empeora la situación atacando a su hijo.

Tales padres son más comunes de lo que usted podría suponer.

PASTORES VENENOSOS

Después de los padres, los pastores pueden ser los siguientes peores ofensores. Algunos pastores se paran detrás de sus púlpitos e intimidan a su congregación, causando indecible dolor a los hombres y mujeres que tienen a su cuidado. ¿Ha oído alguna vez que algún pastor se pare y diga algo como: "Voy a decirles lo que sucederá si alguna vez se van de esta iglesia"? Si lo ha oído, ese pastor esencialmente lo maldijo. Cualquier pastor que golpee así a sus ovejas no es alguien con quien usted quiera juntarse. Esos pastores deben tener sus propios demonios con los que tratar, y necesitan ayuda y liberación. Muy a menudo cuando pasa algo así, es porque los pastores están temblando de miedo. Quizás sientan que están perdiendo el control de sus congregaciones, y están tratando de compensarlo. Ante la amenaza de perder su reputación y estilo de vida, los pastores pueden deteriorarse y decir maldades como esa. Los pastores deberían hablar de esperanza, salud, aliento y bendición a los miembros de su rebaño, no intimidarlos.

Esos pastores pueden no parecer malos. Quizás no tengan vozarrones. De hecho, quizás utilicen las mejores introducciones del libro: "Ahora, digo esto con amor...". Si necesitan decir que lo están diciendo con amor, usted ya puede darse cuenta de que no es cierto. Prepárese, porque está a punto de clavar el cuchillo. Mejor aún, escabúllase rápido de esa iglesia.

Está más que bien salirse de una iglesia si el pastor comienza a golpear verbalmente a la congregación. Es mucho mejor huir que ser arrastrado lejos por sus palabras. No me importa si su abuela compró la segunda fila de la izquierda y hay una pequeña placa con su nombre en ella. Deje que otro la use. No me importa cuánto dinero haya puesto en esa iglesia ni cuánto odie dejar atrás todo eso en lo que ha invertido; ¡será mejor que se escurra por la puerta trasera lo más rápido que pueda!

Ya que estoy en el tema, permítame mencionar otro asunto relacionado con problemas de pastores. A veces vienen a mí para ser ministradas personas de iglesias cuyos pastores rugen desde el púlpito que los cristianos no pueden tener demonios. Vienen a nosotros porque saben que muchos de sus problemas comenzaron con la intervención de un demonio, y sin embargo sus pastores siguen haciéndolos sentir culpables al decirles que tienen que orar más, leer más la Biblia y dar más, porque eso resolverá el problema. Las personas quizás vuelvan al yugo por algún tiempo, pero sus problemas solo empeorarán. A Satanás le encanta interferir en una iglesia en la que no creen que él sea real. De hecho, los pastores que predican así fundamentalmente abren la puerta principal del edificio para dar la bienvenida a toda clase de visitantes demoníacos. Les suministran una abierta invitación al ignorarlos y negar deliberadamente la realidad espiritual que los cristianos —¡incluyendo a los pastores!— pueden estar oprimidos y atormentados por demonios como cualquier pecador no redimido. Si esto sucede en su iglesia, vaya a otro lugar. Encuentre una iglesia donde obtenga toda la verdad.

PONGA LA MIRA EN LAS COSAS DE ARRIBA

Mi propósito ha sido abrir sus ojos a lo que puede estar sucediendo alrededor de usted. Las palabras tienen poder. Cuando las palabras malintencionadas se dirigen a usted, sufre heridas. Esas heridas pueden infectarse con maldiciones y demonios. Con sus propios esfuerzos podrá contrarrestar las consecuencias de esas palabras solo hasta cierto punto. Tarde o temprano, usted debe confrontar las maldiciones, preferiblemente acompañado de otro cristiano que pueda darle palabras de sanidad y restauración para su mente y espíritu.

Mientras usted siga hacia la completitud, las palabras de la Biblia le proveen el mejor consejo que pueda encontrar:

Ya que han resucitado con Cristo, busquen las cosas de arriba, donde está Cristo sentado a la derecha de Dios. Concentren su atención en las cosas de arriba, no en las de la tierra, pues ustedes han muerto y su vida está escondida con Cristo en Dios. Pero ahora abandonen también todo esto: enojo, ira, malicia, calumnia y lenguaje obsceno. Dejen de mentirse unos a otros, ahora que se han quitado el ropaje de la vieja naturaleza con sus vicios, y se han puesto el de la nueva naturaleza, que se va renovando en conocimiento a imagen de su Creador.

—COLOSENSES 3:1-3, 8-10

Al hacer desaparecer las palabras que engendraron maldición y oponer resistencia a los demonios que han venido con ellas, recuerde que el mismísimo Jesucristo es la Palabra viva y más poderosa de todas:

Está vestido de un manto teñido en sangre, y su nombre es "el Verbo de Dios". En su manto y sobre el muslo lleva escrito este nombre: REY DE REYES Y SEÑOR DE SEÑORES.

—APOCALIPSIS 19:13, 16

¡Permita que Él lo haga libre!

Capítulo 5

MALDICIONES DE SECTAS Y DEL OCULTISMO

Sandra se puso de pie, y pidió oración, en uno de nuestros seminarios. "Estoy atormentada noche y día", dijo en un tono de angustia. "Los demonios nunca me dejan. Se mueven dentro de mi cuerpo, como si mi carne se estremeciera. A veces se alojan en la espalda o la columna vertebral. Todo mi cuerpo se retuerce en ocasiones como si una corriente eléctrica lo invadiera". Ella lloraba incontrolablemente, y después susurró: "Estoy tan avergonzada. A veces vienen a mí sexualmente y amenazan con abusarme".

Puse un brazo alrededor de su hombro mientras se deshacía en un llanto inconsolable. "Socorro, por favor", suplicó. "Que alguien me diga que entiende estas cosas y que podría orar para quitar de mí este mal".

"¿Es usted cristiana?"

"Sí", respondió; luego se detuvo. "Bueno, no cristiana como usted".

"¿Qué significa eso?"

"Soy mormona".

Mi corazón fue impactado por su evidente sufrimiento y su tormento mental. Pero yo sabía que para ser libre y romper cualquier maldición que la hubiera atado, ella necesitaba una transformación espiritual completa. "Su Jesús no el Jesús cristiano", le dije. "El Jesús mormón supuestamente nació de una relación sexual entre Dios y María. Y su Jesús no siempre fue Dios. Joseph Smith Jr. enseñó que Jesús una vez fue un ser humano como usted y como yo, y se convirtió en un dios". Sandra dejó de llorar y se puso tensa. Pude ver que su desesperación se desvanecía y era reemplazada por la dureza.

"Estoy seguro de que ha oído decir en la iglesia mormona: (Como el hombre es ahora, Dios fue una vez; como Dios es ahora, el hombre puede llegar a ser)".

Sandra asintió con la cabeza reconociéndolo.

"No puede creer eso y ser verdaderamente libre", le advertí.

"Estaré encantado de mostrarle cómo romper estas maldiciones, pero primero debe entender que no soy yo quien rompe las maldiciones; es el poder de Jesús. Y usted debe poner su fe en el verdadero Jesús, el que es Dios ahora y ha sido siempre Dios desde la eternidad pasada. Todo lo que le pido que haga es que ponga su confianza en Cristo como absoluto Dios, increado y eterno, y renuncie a Joseph Smith Jr. como falso profeta".

"¡No! ¡Nunca!", gritó Sandra, mientras se daba vuelta y salía corriendo de la sala de reuniones, y ya no volvimos a verla.

Por supuesto, yo podría haberle seguido la corriente y adaptarme a su discrepante convicción religiosa, pero lo que ella necesitaba no era que sintiéramos lástima por su condición. La libertad espiritual para Sandra requería que pusiera toda su fe en Jesucristo como Dios a fin de que todas sus maldiciones se rompieran y su tormento fuera quitado. Hubiera sido poco sincero y antibíblico de mi parte sugerir otra cosa.

¿QUÉ ES UNA SECTA?

Antes de entrar en detalles acerca de la identificación y ruptura de la clase de maldiciones que vienen junto con las sectas, es necesario que dé una definición básica de secta. Me refiero concretamente a las sectas religiosas, grupos que cultivan la devoción a deidades y espíritus que no son el trino Padre, Hijo y Espíritu Santo.

Para ver un enfoque enciclopédico a fin de entender las sectas, por favor consulte mi libro *Larson's Book of World Religions and Alternative Spirituality* (Libro de Larson sobre religiones mundiales y espiritualidad alternativa), que se ha convertido en un volumen de referencia respetado en los círculos cristianos. Además de casi 600 páginas de texto, el libro contiene una extensa lista de recursos de lectura adicional.

En las páginas introductorias de ese libro, defino las principales características de una secta:

Muchos de los grupos identificados como sectas comparten las siguientes características comunes:

1. Una autoridad centralizada que estructura fuertemente tanto la filosofía como el estilo de vida

2. Un complejo "nosotros versus ellos", que enfrenta las ideas supuestamente superiores del grupo contra una cultura exterior hostil

3. Un compromiso de cada miembro de hacer proselitismo intensivo entre los inconversos

4. Un arraigado aislamiento que a la larga separa a los devotos de la realidad del mundo.[1]

Permítame añadir lo siguiente, también de ese mismo libro:

La membresía [de las sectas] está dividida entre grupos establecidos con seguidores razonablemente respetables (como el mormonismo, la Ciencia Cristiana, la Unidad) y movimientos menos institucionales (Nueva Era). Pero fundamentalmente, todos los grupos no cristianos tienen una cosa en común: Ellos afirman que las demandas de Cristo son opcionales, no esenciales para la salvación.[2]

En la mayor parte de este libro que usted está leyendo, voy a seguir describiendo los grupos específicamente no cristianos

que los cristianos reconocen más comúnmente como sectas.
No haré distinciones más sutiles entre los puntos de vista divergentes entre creyentes, que a veces sostienen que otros grupos cristianos se han convertido en sectas. Si parece que repetidamente mantengo como ejemplos las mismas pocas sectas, es solo porque la mayoría de la gente las reconoce como tales, no porque la misma información no se aplique a muchos otros grupos de personas.

La mayoría de mis lectores serán del mundo occidental de habla inglesa, así que no voy a detallar la desconcertante variedad de sectas que pueden encontrarse en otras partes del mundo, excepto algunas de ellas que han sido importadas a grupos de nuestra sociedad. En cualquier caso, este capítulo y el siguiente no pretenden centrarse tanto en los detalles de los sistemas de creencias falsas, como en el factor de la maldición.

El siguiente capítulo, "Maldiciones de sectas clandestinas", se centrará en las maldiciones asociadas con sectas que mantienen muchas de sus prácticas rituales en secreto para todos excepto para los miembros comprometidos. En este capítulo, voy a tratar de describir las sectas y sus maldiciones acompañantes en términos más generales.

ESCLAVITUD A UN SISTEMA DE CREENCIAS

Una maldición de sectas resulta de un sistema de creencias que controla el pensamiento de la gente hasta el punto en que su visión de la realidad espiritual llega a conformarse al mundo demoníaco. Las sectas también facilitan la infiltración demoníaca al iniciar a los miembros por medio de algún tipo de proceso que da permiso al involucramiento demoníaco, a menudo sin que el participante sepa lo que ocurre.

Una maldición de sectas puede ser activada por un antepasado, y afectar a las generaciones futuras sin conocimiento de estas. La evidencia de tal maldición en la generación actual suele incluir una inclinación hacia el error espiritual y una resistencia al mensaje del Evangelio. Si esa persona acepta a

Cristo, se encontrará con frecuente interferencia espiritual. La adoración, la oración, el estudio bíblico, o cualquier expresión de fe tendrán estorbo para las personas que han heredado de su antepasado los efectos de la participación en sectas. Puede ser difícil determinar el real sistema de creencias de un grupo sectario. Esto se debe a que lo que usted ve en el exterior puede no ser sino la cara visible, mientras que bajo la superficie, las abominaciones acechan en la oscuridad. Naturalmente, las enseñanzas de las sectas que se espera que provoquen una reacción en quienes son ajenos a ellas seguirán siendo parte del conocimiento privado, esotérico, mientras que solo se presentarán al mundo exterior los aspectos más ampliamente aceptables del sistema de creencias. Por ejemplo, la Cienciología tiene cierta imagen exotérica (pública), que ha sido lanzada con la imagen de las estrellas de Hollywood que se han convertido en miembros, pero sus disparatados códigos esotéricos (privados) solo se escapan ocasionalmente. Lo mismo puede decirse de los mormones, que hacen todo lo posible para presentarse al público solo como otra denominación cristiana tradicional formada por familias felices.

Cuando una persona se convierte en miembro de una secta, aprenderá progresivamente, a lo largo del tiempo, sobre el sistema de creencias oculto. En muchos grupos, los neófitos no están al tanto de ningún estado superior de iniciación. A medida que se involucran más, su conocimiento sobre esa clase de cosas va a evolucionar. Por esta razón, las maldiciones relacionadas con las sectas siempre deben ser rotas de acuerdo al grado de implicación por parte del miembro de la secta. Usted no puede pedirle a la gente que confiese y renuncie a creencias que ni siquiera conocía.

A la persona común que tuvo a un par de mormones o testigos de Jehová llamando a la puerta, y pasó por su discursito, los visitantes le parecen ser solo sencillos, bienintencionados evangelistas puerta-a-puerta. Incluso los recién llegados que empiezan a asistir a los servicios encontrarán que no se realiza nada alarmante y que muchos aspectos de las rutinas se asemejan a los de muchas iglesias protestantes o escuelas dominicales. Solo después de una participación más profunda alguien averiguará, por ejemplo, acerca de los juramentos del templo que atan a los mormones, o acerca de su creencia en la hermandad de Jesús y Lucifer, o acerca de los incorrectos estudios bíblicos e interpretaciones fuera de contexto de los testigos de Jehová.

Perspectiva general de las sectas malditas

En términos generales, la razón por la cual la participación en una secta invita a una maldición es que su propósito final es luciferino-satánico y contrario a Jesucristo. En muchas sectas, Jesús es retratado como un hombre mera y excepcionalmente bueno, y se hace caso omiso de la Trinidad o se la reinterpreta. Los francmasones, por ejemplo, tienden a relacionarse con Dios solo como un "ser supremo". A menudo, en una secta, la salvación o su equivalente puede obtenerse por el esfuerzo humano y las buenas obras, con la recomendación de obras que coinciden con las enseñanzas del grupo. Piense en la Unidad o Baha'i. O la salvación misma puede no ser el objetivo del grupo. Algunos (incluso algunos de los grupos más conocidos, tales como la Cienciología) promueven la creencia en la reencarnación.

Con muchas creencias que están en oposición directa a la Biblia, los grupos sectarios deshumanizan al creyente individual y lo hacen servil. Cualquiera que piense por sí mismo es sospechoso de deslealtad. Recuerde los informes de prensa de los últimos años que revelaron la mentalidad servil de las mujeres de la FLDS (Iglesia Fundamentalista de Jesucristo de los Santos de los Últimos Días). Los miembros de sectas experimentan un alto grado de supervisión personal.

A menudo se define a Dios estrechamente y no se toleran desviaciones de la nomenclatura aceptada. Por ejemplo, los testigos de Jehová insisten en que Jehová es el único nombre propio de Dios, afirmando que se remonta a los tiempos del Antiguo Testamento. Ignoran el hecho de que los estudiosos del griego y del hebreo informan que no hay citas del nombre en las Escrituras originales, y que ese apareció solo en 1525, con la interpretación de William Tyndale de las consonantes hebreas YHWH ("Yejová") en su traducción de la Biblia al inglés.

TIPOS DE SECTAS QUE CAUSAN MALDICIONES

A partir de la década de 1960, el número de sectas con una presencia activa en el mundo occidental se incrementó enormemente. Aun cuando Dios enviara un avivamiento masivo hoy, nos tomaría más de cuatro generaciones deshacer el desorden de maldiciones que se han activado en la última generación, cuatro generaciones más para echar a todos los yoguis y los gurúes, las brujas y los satanistas, y todo el mal que han traído a este país. De acuerdo con los principios de Éxodo 20 y 34, como se ha dicho anteriormente en este libro, cuatro generaciones es la vida mínima de una maldición y la menor cantidad de tiempo necesaria para deshacer por completo el efecto social de una maldición.

Las sectas que causan maldiciones se dividen en cuatro categorías o tipos: (1) sectas místicas, (2) sectas paganas, (3) sectas de espiritualismo, y (4) sectas de ocultismo. Estas categorías no están firmemente separadas una de la otra, pero son útiles a fin de dar una explicación y, por lo tanto, para liberar a la gente de su esclavitud.

Sectas místicas: Defino el misticismo como algo que promueve un estado alterado de conciencia por medio de la meditación. ¿Qué hay en el misticismo que conduce a la esclavitud demoníaca y a las maldiciones? En primer lugar, siempre que las personas dejan de lado sus mentes y entregan su voluntad, se abren a otras fuerzas, la mayoría de las cuales no son amigables. Ponerse en contacto con la "conciencia universal" o sentir la "vibración primordial de la palabra divina" permiten la entrada de influencias malignas. Cuando están descansando en un estado noasertivo [pasivo], las personas no se resisten a ningún poder espiritual que se les presente. Constantemente me encuentro con gente que un poco inocentemente experimentó con el yoga, sin entender que simplemente por asumir las posturas se sintonizaron con el mundo espiritual y se alinearon con un sistema filosófico ocultista. Es aun más probable que ocurra esto cuando el yoga es aceptado como parte de la corriente principal, incluso dentro de iglesias evangélicas. Al ignorar el hecho de que por milenios se han utilizado los principios del yoga para facilitar la infiltración demoníaca, los practicantes de yoga dan consentimiento implícito al engaño y la esclavitud.

Usted observará que las sectas místicas tienden a definir a Dios en términos no teístas, sin responsabilidad moral. Las personas se abren a maldiciones cuando se involucran en grupos que promueven la apertura al mundo espiritual sin establecer una responsabilidad moral trascendente y objetiva, en otras palabras, sin apoyar la soberanía y la supremacía de un Dios viviente, activo.

Dentro de la categoría de sectas místicas están las que abogan por la comunicación con los espíritus de los difuntos "maestros ascendidos", tales como ciertas sectas "YO SOY". Cuando en un estado alterado de conciencia, la gente recoge demonios del difunto individuo más "altamente evolucionado", con el cual ellos eligen entrar en contacto. He encontrado que ciertos nombres demoníacos habituales aparecen repetidamente en la experiencia de aquellos de nosotros que oramos regularmente por personas que han participado en sectas del hinduísmo y en sectas influenciadas por el hinduísmo. Brahmá, Visnú, Shivá, y Kali son solo algunos de los dioses demoníacos que acompañan maldiciones de las sectas orientales. Cada demonio viene con un diferente tipo de maldición.

Casi universalmente, la reencarnación afianza sistemas de creencias místicas. Como las personas buscan estar en contacto con quien sea que puedan haber sido en el pasado, los demonios de imitación se manifestarán a través de ellos, pretendiendo llevar conocimiento de algún personaje muerto hace mucho tiempo. Cuando buscan información, los solicitantes recogen maldiciones demoníacas.

Aunque las personas que procuran la "iluminación" pueden desear sinceramente buscar más de Dios y aprender más sobre sí mismos, el triste resultado es que se enredan en una engañosa telaraña de maldiciones demoníacas de la cual puede ser más difícil escapar con cada experiencia progresiva (por ejemplo, la meditación trascendental, el Tantra, el Qigong, el Tai Chi).

Sectas paganas: Con antiguas religiones paganas como la Wicca y la brujería, así como también en cualquier tipo de neopaganismo, los rituales son fundamentales. Los rituales implican contacto real con los poderes malignos. Suponen conformidad con un protocolo establecido para invocar los poderes del ocultismo como parte de una ceremonia.

Muchos de los rituales invocan intencionalmente maldiciones y convocan a los demonios. Por lo tanto, a la hora de identificar las maldiciones específicas y romperlas, en casos en que alguien ha tenido una participación directa en una religión pagana, será útil averiguar qué rituales se han realizado en el pasado. En muchos casos, los dioses y diosas, que son demonios disfrazados, serán invocados por nombre.

Los seguidores de las religiones paganas generalmente adoran las fuerzas de la naturaleza. Esto no es lo mismo que reconocer al Creador de la tierra en adoración. Reemplazar a Dios como objeto de la adoración por una de sus creaciones constituye veneración demoníaca. Este enfoque panteísta de las características naturales del mundo esencialmente conecta a la gente con los demonios que yacen detrás del sistema de creencias paganas. Las invocaciones pueden convocar demonios reales, y con cada demonio viene una maldición conectada con la invocación.

El paganismo casi siempre incluye intentos de comunicarse con entidades invisibles del "otro lado". Adivine qué resultan ser generalmente esas entidades.

Espiritualismo: El espiritualismo es un fruto del espiritismo, que es una práctica pagana muy alejada de la tradición judeocristiana. Dedicado ampliamente a la comunicación con los muertos (nigromancia), el espiritualismo apela especialmente a las personas que han perdido a un ser querido. Quienes se comunican con los espíritus de los muertos se asocian con demonios en el proceso.

La nigromancia está específicamente prohibida en el libro de Deuteronomio del Antiguo Testamento:

Nadie entre los tuyos deberá sacrificar a su hijo o hija en el fuego; ni practicar adivinación, brujería o hechicería; ni hacer conjuros, servir de médium espiritista o consultar a los muertos. Cualquiera que practique estas costumbres se hará abominable al SEÑOR, y por causa de ellas el SEÑOR tu Dios expulsará de tu presencia a esas naciones.

—Deuteronomio 18:10-12

Originalmente, la violación de los mandamientos de Dios aparejaba una sentencia de pena capital, que se consideraba proporcional a la gravedad de la violación y una manifestación inmediata de la maldición. Desde los tiempos de Moisés, Dios ha trazado una línea de demarcación, que se supone que la gente no debe cruzar. Él se ha tomado la molestia de advertir a su pueblo: "No vayan allí. No hagan eso". Las personas lo ignoran bajo su propio riesgo.

Cuando está involucrada la brujería (incluso en entretenimientos de fiestas aparentemente simples e inofensivos, como jugar con tablas Ouija) las maldiciones unidas a la práctica de la hechicería caerán sobre la gente. ¿Cuánto más la participación intencional en la lectura de cartas de tarot, los horóscopos, o la búsqueda de cualquier tipo de fenómenos psíquicos traen maldiciones a la vida de un individuo? Las maldiciones establecidas en Deuteronomio 27-29 siguen vigentes hoy en día. No han pasado de moda ni han sido sustituidas con el tiempo. En resumen:

> *Todas estas maldiciones caerán sobre ti. Te perseguirán y te alcanzarán hasta destruirte, porque desobedeciste al SEÑOR tu Dios y no cumpliste sus mandamientos y preceptos. Ellos serán señal y advertencia permanente para ti y para tus descendientes.*
> —DEUTERONOMIO 28:45-46

Los mismos demonios que se hacen pasar por los espíritus de los muertos intentan conducir a la gente a creer que la muerte es una ficción, y sin embargo, los que invocan esos espíritus corren el significativo riesgo de muerte prematura, precedida por enfermedades, accidentes y otros tipos de sufrimiento. El espiritualismo está lejos de ser inocuo.

El ocultismo: La palabra oculto viene de una raíz latina que significa "cubrir" u "ocultar". Las prácticas del ocultismo están motivadas por una creencia en los poderes ocultos o misteriosos y por la esperanza de sujetar esos poderes al control humano. Como usted puede suponer, la mayoría de las clases de sectas que mencioné anteriormente podrían denominarse "ocultismo", porque intentan levantar el velo de lo desconocido, mientras usan técnicas secretas que pueden abrir el alma humana a los demonios.

Algunas de estas técnicas dan a quienes las practican retroalimentación neurosensorial que promueve un estado mental deseado. Otros, como los estados de trance inducido, alteran la percepción de la realidad con la esperanza de obtener guía espiritual.

Una práctica común de esta clase de sectas es separar la participación contemporánea de las raíces históricas distintivas de las falsas religiones y brujería. Esto se hace con prácticas tan diversas como el yoga y la acupuntura. Diversas modalidades de sanación, tales como el Reiki y el toque terapéutico, pueden parecer inofensivos, pero la fe ocultista de quien los practica y el sistema oculto de creencias de la técnica pueden contaminar el proceso con una maldición. Por ejemplo, he conocido a cristianos que cayeron presa de la opresión demoníaca cuando fueron tratados por quiroprácticos que siguieron la teoría china de los meridianos para tratar el dolor haciendo presión para cambiar la forma en que fluye el *qi* (energía vital) en el cuerpo, buscando equilibrar el ying y el yang, los opuestos polares en el taoísmo. Una mujer a la que ministré estaba atormentada por una maldición puesta en ella por un dentista chino no cristiano que trató su enfermedad de las encías con hierbas que habían sido elaboradas ritualmente. El peligro al realizar o recibir cualquier terapia que se basa en una falsa religión o en una filosofía demoníaca es que se nutre de los poderes ocultistas, sea que el "sanador" o el destinatario deseen tal resultado o no. Esto abre la puerta a cualquier maldición que esté unida a ese sistema de creencias en particular. Los demonios no necesitan pedir permiso para entrar si alguien ya los ha invitado abriendo la puerta.

La adivinación, según la Biblia, es una abominación. (Vea Levítico 19:26, 31; Deuteronomio 18:9-14.) El profeta Isaías tuvo mucho que decir sobre lo que Dios pensaba de tales prácticas ocultistas:

Has abandonado a tu pueblo, a los descendientes de Jacob, porque están llenos de astrólogos de Oriente, de adivinos como entre los filisteos, y hacen tratos con extranjeros. Su tierra está llena de oro y plata, y sus tesoros son incalculables. En su tierra abundan los caballos, y sus carros de guerra son incontables. Su país está lleno de ídolos; el pueblo adora la obra de sus manos, lo que han hecho con sus propios dedos. Al

hombre se le humilla, a la humanidad se le degrada.
¡Imposible que los perdones!

—ISAÍAS 2:6-9

Incluso cosas tales como la consulta de un horóscopo por curiosidad o llamar a una línea psíquica no son asuntos menores a los ojos de Dios. Cualquier persona que ha incursionado en las prácticas ocultistas, ni mencionar los que se han entregado deliberadamente al diablo por medio de malignos rituales arcanos, solo puede encontrar la libertad de la esclavitud mediante el arrepentimiento sincero y el abstenerse de nuevos contactos con esas cosas. Con la ayuda de otros cristianos, las maldiciones se pueden romper.

ESPÍRITUS ASOCIADOS CON LAS "DOCTRINAS DE DEMONIOS"

El apóstol Pablo aconsejó al joven Timoteo de la siguiente manera:

El Espíritu dice claramente que, en los últimos tiempos, algunos abandonarán la fe para seguir a inspiraciones engañosas y doctrinas diabólicas. Tales enseñanzas provienen de embusteros hipócritas, que tienen la conciencia encallecida. Rechaza las leyendas profanas y otros mitos semejantes. Más bien, ejercítate en la piedad.

—1 TIMOTEO 4:1-2, 7

¿Quiénes son esos demonios que propagan falsas doctrinas? Uno bastante obvio es el demonio del engaño o la mentira. Otro es el demonio de la blasfemia. A menudo usted encontrará demonios que son conocidos por los nombres Anticristo o Lucifer o uno de los dioses-demonios bíblicos, como Moloc (al cual la gente solía sacrificar a sus hijos) o Baal.

En cualquier sistema religioso que se base en mentiras, usted puede esperar encontrar un espíritu mentiroso de alguna clase. Como las sectas, incluso las que usan el nombre de Jesús, no lo exaltan más que a otros espíritus y fuerzas, guían a la gente hacia el ángel caído, Lucifer. Por lo tanto, Lucifer está en la cima de los falsos sistemas religiosos, con frecuencia ayudado por Baal, porque él va mucho más atrás en la historia religiosa como el dios principal de los sistemas religiosos falsos. Usted recordará la confrontación de Elías con los profetas de Baal en el monte Carmelo (vea 1 Reyes 18). Bajo el gobierno de Acab y Jezabel, los profetas de Baal eran poderosos, y se levantaron contra el verdadero judaísmo.

Hablando de Jezabel, usted se encontrará a menudo con un demonio del mismo nombre cuando trata con un sistema religioso falso. Esto se debe a que las directivas falsas y malignas muy frecuentemente se remontan hasta ese espíritu maligno (vea Apocalipsis 2:20-23).

Romper las maldiciones de las sectas no implica tanto tratar con espíritus de, digamos, ira o asesinato o rechazo, como en el caso de maldiciones más personales. En cambio, usted encontrará espíritus de las categorías que acabo de mencionar: engaño, blasfemia, Anticristo, y Lucifer.

CÓMO ELIMINAR UNA MALDICIÓN RELACIONADA CON SECTAS

Cuando se sospecha de o se ha identificado una maldición relacionada con sectas, uno de los primeros pasos hacia la libertad debe ser la renuncia a todas las ligaduras de alma con el líder o el fundador de esa secta. Casi siempre existe un vínculo emocional o espiritual con esa persona y eso mantiene a los seguidores bajo un control invisible.

El mormonismo ofrece uno de los mejores ejemplos de lo que estoy describiendo. Cuando son confrontados por extraños con cualquier inconsistencia de sus doctrinas, a los mormones se les ha enseñado a hacer una declaración como la siguiente: "Por el ardor en mi pecho, yo sé que José Smith, Jr. es el profeta de Dios". Profesan un vínculo con el fundador del movimiento de los Santos de los Últimos Días, o Iglesia

Mormona. De manera similar, la gente de las religiones orientales ha tributado homenaje a algún gurú o al linaje de ese gurú. Los que han practicado meditación trascendental, por ejemplo, han rendido homenaje no solo al difunto Maharishi Mahesh Yogi, sino que se han sometido a su maestro espiritual, Swami Brahmananda Saraswati.

Según la religión o secta, un adherente que desee liberarse de todas las maldiciones debe quitarse de encima los demonios de los fundadores, renunciando a toda atadura con ellos, por nombre. Siempre es útil hacer esto en compañía de otros cristianos, para cumplir con las enseñanzas de Cristo, de que una oración es oída y respondida cuando existe un acuerdo espiritual.

Además les digo que si dos de ustedes en la tierra se ponen de acuerdo sobre cualquier cosa que pidan, les será concedida por mi Padre que está en el cielo. Porque donde dos o tres se reúnen en mi nombre, allí estoy yo en medio de ellos.
—MATEO 18:19-20

El siguiente paso sería renunciar a los credos y confesiones doctrinales. Los seguidores de una rama del budismo Nichiren japonés, por ejemplo, que han estado cantando el Diamoku (una fórmula de adoración dicha para ponerse uno en sintonía con el universo), no solo tendrán que dejar de cantarlo y destruir las copias escritas del texto, sino también renunciar expresamente al canto mismo, porque es una afirmación doctrinal. Los hombres que han salido de la masonería (de la que hablaremos con más detalle en el capítulo siguiente) deben renunciar a todos los pactos de sangre en los que han entrado, y a cada ceremonia secreta, rito y ritual, porque esas expresiones tienen adheridas maldiciones demoníacas.

Renunciar a todo puede ser complicado, especialmente cuando alguien ha pasado mucho tiempo como miembro de uno de estos grupos, porque la esclavitud se vuelve más comprensiva con el tiempo. Es como si el diablo construyera esa sólida arquitectura interna del mal. Esta arquitectura se asemeja a la de un gran edificio. Cuando usted se acerca, solo ve un edificio. Pero cuando entra, descubre que es mucho más que un armazón. Usted encontrará varias habitaciones con diferentes propósitos. En algunas de esas habitaciones verá gente que está haciendo diferentes tipos de cosas. Usted ve un plan en funcionamiento, una infraestructura dentro de la arquitectura. Esto es lo que sucede cuando el diablo establece una maldición. Depende de nosotros identificar las cosas que se derivan de las maldiciones del diablo, para poder tratar con ellas. Lo mejor que podamos, debemos recordar el idioma y los aspectos de las ceremonias a fin de renunciar a ellos y colocarlos bajo la sangre de Cristo.

Un ritual especial sería el matrimonio. Si dos personas se han casado bajo el auspicio de, por ejemplo, la Iglesia mormona, tendrían que renunciar a sus votos mormones y hacer nuevos votos en una iglesia cristiana. No estoy sugiriendo que deberían renunciar a su matrimonio en sí, o que deberían divorciarse y volver a casarse. El aspecto civil de su unión está intacto. Pero los votos matrimoniales mormones comprometen a la pareja a estar casados por el tiempo y toda la eternidad, lo que representa una eterna atadura a las maldiciones que están detrás del sistema de creencias.

Otro aspecto importante al romper las maldiciones de las sectas es la renuncia a cualquier guía espiritual o revelador de la religión. Casi todos los grupos tienen alguna conexión con un revelador: una persona a la que se transmitió la supuesta verdad de la religión. Para los mormones, este sería el ángel Moroni, por quien el fundador Joseph Smith, Jr. afirmó haber sido visitado en muchas ocasiones. Los testigos de Jehová deben renunciar al falso arcángel Miguel de la secta. Un musulmán tendría que renunciar al supuesto arcángel Gabriel, que ellos creen que trajo el Corán a Mahoma. Un devoto de Eckankar tendría que renunciar a Sugmad, y así sucesivamente. Puede requerir muchas llaves abrir y romper una maldición de una secta. Mientras más llaves use una persona, más eficazmente puede romperse la maldición. Una de las llaves sería ser rebautizado si el bautismo era parte de los requisitos de la secta. Animo a la gente a ser rebautizada, incluso si están saliendo de una secta aparentemente cristiana como los grupos Solo Jesús, porque su bautismo no sigue la fórmula trinitaria. El bautismo anterior no va a mantener a alguien fuera del Cielo, pero creo que va a ser un obstáculo emocional y espiritual para su crecimiento en la fe cristiana y en su liberación de la maldición de la secta.

Otras llaves incluyen revertir votos y juramentos particulares, renunciando a las afirmaciones y confesiones, y desechando los libros de enseñanzas. Cualquier objeto o sistema de creencias codificado será un medio por el cual los tentáculos de la secta pueden mantener algún tipo de control sobre la persona. La última sección de este libro contiene información útil para favorecer la ruptura de maldiciones.

ENCONTRAR DE NUEVO LA GRACIA DE DIOS

Dios es infinitamente paciente y misericordioso.

En realidad, no es que el Señor sea lento para cumplir su promesa, como algunos piensan. Al contrario, es paciente por amor a ustedes. No quiere que nadie sea destruido, quiere que todos se arrepientan.

—2 PEDRO 3:9

A pesar de nuestra ignorancia y necedad, Él cuida de nosotros. Los teólogos la llaman la "gracia común" de Dios. Sin esta gracia, seguramente cada uno de nosotros habría perecido en nuestro pecado, tragados por las maldiciones demoníacas. Esta es una buena noticia.

Sin embargo, las personas que entran en las sectas terminan

despidiéndose de la gracia común de Dios en su mayor parte. Ellos andarán bajo ella por algún tiempo, porque Él "hace que salga el sol sobre malos y buenos, y que llueva sobre justos e injustos" (Mateo 5:45). Pero una de las cosas más letales respecto a las sectas, el ocultismo, el misticismo, el paganismo y la Nueva Era es que son formas específicas de rebelión espiritual. Los participantes devotos repudian activamente la gracia de Dios.

Aunque la comunidad cristiana promueve la idea de que todos los pecados son iguales porque todo pecado nos separa de Dios, ese punto de vista no tiene en cuenta el grado en que el pecado afecta a las personas en términos de su potencial para permitir la infiltración demoníaca. Las maldiciones garantizan que las personas sigan participando en religiones no cristianas o grupos alternativos, haciéndolas (a ellas y a sus familias) vulnerables a entidades espirituales que Dios quiere que evitemos a toda costa.

Dios extiende su gracia a cualquier persona que vuelve a Él. El apóstol Pablo, al escribir a la gente cuya cultura estaba saturada de paganismo y falsos dioses, dijo:

No ofrezcan los miembros de su cuerpo al pecado como instrumentos de injusticia; al contrario, ofrézcanse más bien a Dios como quienes han vuelto de la muerte a la vida, presentando los miembros de su cuerpo como instrumentos de justicia. Así el pecado no tendrá dominio sobre ustedes, porque ya no están bajo la ley sino bajo la gracia.
—Romanos 6:13-14

Mientras Él hace brillar su luz en las tinieblas, que quienes están en la esclavitud de las maldiciones de sectas sigan su luz hasta que sean verdaderamente libres.

89

Capítulo 6

MALDICIONES DE SECTAS CLANDESTINAS

Estaba ministrando a un joven afroamericano a quien llamaré Malik. De pronto, su voz cambió de clara y agradable a áspera y cruel. Mientras dos de mis ayudantes lo asían de los brazos, le dije: "Vengo contra ti, espíritu maligno, en el nombre de Jesús. Me opongo a lo que estás tratando de hacerle a este hombre. Te ato y te reprendo en el nombre de Jesús".

"¡Déjame!", farfulló entre dientes en mi cara. Mis ayudantes tuvieron que asirlo con más fuerza.

"Creo que eres un intruso en donde no perteneces".

"¡Déjame en paz! No tienes derecho", espetó.

"¿Cuál es el derecho?".

"Me aceptaron".

"¿Te aceptaron? ¿Este hombre o sus ancestros?".

"Ambos".

"¿Tu nombre?".

"Asesinato".

"Asesinato, ve al tormento. Yo quiero hablar con este hombre". El receptor de este espíritu maligno se relajó, y puse mi brazo alrededor de su hombro. "¿Cuál es su nombre, señor?"

"Malik", respondió en un tono de voz normal.

"Malik, ¿cuántos años tiene?".

"Treinta".

"¿Qué es lo peor que le ha pasado en su vida, Malik?".

"Abuso". Sus respuestas eran cortas, pero no cortantes. Él realmente no quería entrar en más detalles.

"¿Abuso de quién?".

"Mi padre".

"¿Qué tipo de abuso?".

"Físico. Me golpeaba mucho".

"¿Cómo cuánto?".

"Me rompió algunos huesos".

Se hacía evidente que el espíritu de asesinato había entrado en él cuando era niño, cuando era tan terriblemente golpeado por su padre. Pero cuando lo miré a los ojos, pude ver algo más, así que le puse mi cruz grande en la frente. Inmediatamente, la voz normal de Malik desapareció y volvió la voz áspera.

"¡Sácame esa cosa de encima!", espetó con los dientes apretados.

Yo dejé la cruz donde estaba. "¿Por cuántas generaciones has afligido a este hombre y sus antepasados?".

"Mucho tiempo".

"Sé que has estado allí desde hace mucho tiempo, pero esa no es la respuesta que busco. ¿Cuántas generaciones?".

Malik empezó a retorcerse y a luchar para librarse de la sujeción, y la voz desagradable volvió con la respuesta: "Catorce... Catorce... Catorce". La voz del demonio se hacía más fuerte con cada declaración del número de generaciones en que esta maldición había estado atormentando la línea familiar de Malik.

"Quiero saber lo que pasó hace catorce generaciones".

"Me aceptaron".

"¿Quiénes? ¿Sus antepasados?".

"Sí".

"¿En una ceremonia?".

"Sí".

"¿Con sangre?".

"Sí".

"¿Humana o animal?".

"Las dos. Las dos. Las dos". Él comenzó a luchar de nuevo. "Eres llamado a juicio esta noche, y las catorce generaciones han llegado a su fin".

"¡No! No es mi tiempo!".

"Oh, sí, es tu tiempo". Ordené al espíritu inmundo que repitiera después de mí: "Quitamos la maldición…"

"Quitamos la maldicioooón…"

"…de él".

La voz del mal gruñó con malicia.

"Pongo sobre ti la ira de Dios, siete veces mayor que todas las generaciones que has atormentado".

El demonio gruñó ante la severidad de la sentencia, con gemidos inarticulados de desesperación y furia. Entonces, cambié a mi siguiente táctica. "Malik, venga a mí por un minuto. Quiero que repita después de mí. Diga: "Yo, Malik…"

"Yo, Malik…"

"…rompo la antigua maldición…"

"…rompo la antigua maldición…"

"…de destrucción y brujería…"

"…de destrucción y brujería…"

"…que vino de mis antepasados de África hace catorce generaciones".

"…que vino de mis antepasados de África hace catorce generaciones".

"La maldición se ha roto. Ahora vamos a deshacernos de este espíritu maligno".

"Yo tengo el derecho de estar aquí", gruñó el demonio como respuesta.

"No, no lo tienes. No, lo tienes".

"Síííí", siseó la voz. "¡A él el gusta lo que está haciendo!".

"No, realmente no. Di: 'Yo, Asesinato…'"

"¡No! ¡No me voy!". Se sacudía y pateaba.

"Di: 'Yo, Asesinato...'"

"Yo, Asesinato" (con resistencia)...

"...renuncio...renuncio..."

"¡No puedo!".

"Dilo: '...a todo el derecho a este hombre...'"

...a todo el derecho a este hombre...

"...y a su familia..."

"...y a su familia..." Esto era una tortura para el espíritu, y apenas podía hablar. Sin embargo, obedeció.

"Todos nosotros..."

Los ojos de Malik se agrandaron, y la voz áspera espetó:

"Todos nosotros..."

"...recibimos..." (yo solo podía decirle una o dos palabras a la vez, porque era lo único que él podía hablar.)

...recibimos...

"...el juicio..."

...el juicio...

"...del Dios todopoderoso".

...del Dios todopoderoso.

"y todos nosotros..."

(Encima de las objeciones) Y todos nosotros...

"...nos vamos"

...nos vamos...

"...a..."

...a...

"¡al abismo!".

Junto con ininteligibles sonidos de objeción, repitió:

"...nos vamos al abismo...¡Awrghhh!".

Inmediatamente, Malik se enderezó con una casi sonrisa en el rostro.

"¡Aleluya!", dije. "Jesús hizo esto por usted. Jesús recibe la gloria".

Malik levantó ambos brazos al aire y comenzó a saltar con gozo, gritando y aplaudiendo.

EL PROBLEMA DE LOS JURAMENTOS DE SANGRE

Ese era un demonio inmundo. Los demonios africanos son así. Cuando usted trata con demonios ancestrales africanos que acarrean ese tipo de maldiciones, está bastante ocupado. Catorce generaciones, que se remontan a sus antepasados en África. Y al principio, un pacto de sangre. El hecho de que en este caso particular la sangre fuera humana y animal hizo que la maldición fuera más poderosa y más difícil de romper.

Al revisar nuestros archivos fílmicos para encontrar otras sesiones como esta, hallé que cada uno de estos antiguos demonios venía debido a maldiciones. Usted puede deshacerse de otros demonios sin romper la maldición. Pero para deshacerse de uno de estos malvados, se debe romper la maldición primero.

Alguna oscura noche del pasado otro joven, quien fue uno de los ancestros de Malik, participó en una ceremonia secreta. Muy probablemente, él quería tener más fuerza para luchar contra sus enemigos o habilidad para ser un mejor cazador. Los detalles se nos escapan por completo ahora. Las ceremonias secretas conjuran formidables fuerzas del mal, y las imprecaciones saturadas de sangre solo son una parte de los ritos clandestinos que inevitablemente acarrean maldiciones sobre quienes participan.

LAS SECTAS CLANDESTINAS EN SUELO ESTADOUNIDENSE

Aunque cualquiera de nosotros bien puede toparse con una maldición heredada de los antepasados de alguien en un continente lejano, la más probable fuente de maldiciones asociadas con sectas clandestinas está precisamente en medio de nosotros. Casi todas las ciudades, de cualquier tamaño, albergan más de una. Estas organizaciones presentan una imagen pública inofensiva, a menudo parecen ser organizaciones sociales que no son especialmente religiosas. Las apariencias pueden ser engañosas.

Además del hecho de que todas mantienen un estricto muro de secreto en torno a muchas de sus creencias, enseñanzas y ceremonias, todas comparten ciertas características que acarrean maldiciones. Por un lado, casi siempre tienen una conexión con alguien que fue engañado espiritualmente promoviendo o fundando la religión o fraternidad. A veces, posiblemente a menudo, esa conexión se remonta a generaciones anteriores del fundador original.

Esa es una razón, por ejemplo, para clasificar el mormonismo como una secta clandestina. La mayoría de la gente ha oído hablar de su fundador, Joseph Smith, Jr., pero ¿cuánto sabemos de él? Su padre, Joseph, Sr., era un ocultista. Como muchos otros en los primeros años del siglo diecinueve, él era un buscador de tesoros, siempre en busca de algunas pertenencias perdidas. Llevaba a su hijo con él cuando fue en busca del botín del capitán Kidd. Trataba de encontrar el tesoro perdido por medio de la adivinación, y usaba frecuentemente algo llamado piedras videntes o piedras de adivinar que ponía sobre sus ojos y por las cuales miraba.

Joseph Smith, Jr. creció con esto como parte de su experiencia. De hecho, afirmó haber traducido los textos jeroglíficos egipcios desconocidos que se convirtieron en el libro de Mormón por medio de las piedras de adivinar, después de haber obtenido del ángel Moroni las placas de oro inscriptas.

Otra característica típica de una secta clandestina es la adhesión a las doctrinas falsas, por lo general entendidas imperfectamente por los extraños a causa del secreto. Sin embargo, tiende a filtrarse lo suficiente de ellas para reconocer sus falacias. La adhesión a falsas doctrinas implica a los miembros en la refutación activa de la verdad (aunque es probable que sientan que han alcanzado una verdad superior). Como hemos visto en las escrituras del Antiguo Testamento, la adhesión a falsas doctrinas conlleva una maldición espiritual inevitable.

Con frecuencia, las falsas doctrinas conducen a la blasfemia categórica, que es una maldición en sí misma. A muchos mormones, por ejemplo, se les ha enseñado que el propio Dios fue alguna vez procreado en otro mundo, y que ahora los humanos pueden aspirar al estatus de procreador. En otras palabras, Adán hizo lo correcto cuando comió del fruto prohibido, porque eso lo hizo capaz de engendrar a la raza humana. Los hombres y las mujeres son potenciales dioses padre y madre. El libro de Mormón dice: "Adán cayó para que los hombres existiesen". Un famoso aforismo mormón declara: "Como el hombre es, Dios fue una vez; como Dios es, el hombre puede llegar a ser". Este derecho a la divinidad no se gana por la gracia de Jesucristo, sino más bien por ser un buen mormón, fiel al templo.

En las páginas siguientes, vamos a dar una mirada a algunas sectas específicas que son de naturaleza clandestina.

FRANCMASONERÍA

Cuando estábamos filmando nuestro *reality show* televisivo, fuimos a la ciudad de Nueva York para filmar el exorcismo final del episodio, y estábamos buscando una iglesia que sirviera como lugar de filmación. El personal de producción tomó el teléfono y llamó a seis iglesias evangélicas del área cercana, y todas dijeron que no. Siguieron intentando, llamando a más iglesias. Después de haber llegado a la parte inferior de su lista, el jefe de departamento me llamó para informar. "Reverendo Bob, hemos llamado a todos, y todos dijeron que no, excepto al final mismo en que encontramos a alguien que nos permitirá entrar y filmar".

"¿Adónde?", pregunté.

"En la mayor logia masónica de la ciudad de Nueva York". Yo no lo podía creer.

Al poco tiempo estábamos caminando por un lugar al que normalmente se nos prohibiría la entrada, y se nos permitió entrar en las partes más sacrosantas. Pasamos por las enormes puertas de bronce sólido que tenían más de veinte pies (unos 6 m) de alto, y vimos un cartel que anunciaba alguna festividad. Al lado había un pentagrama (era la versión con dos puntas para arriba de la estrella de cinco puntas usada por los masones y también por los satanistas). Una leyenda decía: "Con la fe, todo es posible", que es una tergiversación del versículo de la Biblia: "Para Dios todo es posible" (Mateo 19:26). Caminamos por el santuario interior, y vimos el pesado sillón del Venerable Maestro, detrás de un podio. Encima de él estaba el símbolo masónico, compuesto por las herramientas de albañil, una escuadra y un compás, con una G mayúscula dentro. Esta letra G se supone que representa a la palabra "Geometría" y también "Gran Arquitecto", o "God" ("Dios", en inglés). Lo más probable es que signifique mucho más que eso, nada bueno. Así que decidí ungir eso. Me subí en los brazos del sillón y extendí la mano tan alto como pude, para ungirlo con aceite en el nombre del Padre, del Hijo y del Espíritu Santo. Luego bajé al sillón y me senté directamente. No es que tuviera la ambición de ser el Venerable Maestro de un templo masónico, sino que sé que el Espíritu de Jesús mora en mí, y pensé que sería una de las primeras veces en que Jesús tendría la oportunidad de sentarse en lo que es esencialmente el sillón de Lucifer.

Mucho se ha escrito y dicho sobre la masonería, que a menudo ha sido un grupo controvertido. Sus orígenes oscuros y alegóricos se remontan siglos atrás en Europa. En la mayoría de los lugares, es una fraternidad (solo para hombres). Las ramas más conocidas para mujeres y chicas en los Estados Unidos se conocen como Orden de la Estrella de Oriente y Orden Internacional del Arco Iris para Muchachas. Los rituales juegan un rol central en las reuniones de los miembros y, aunque la organización no se identifica como un grupo religioso, pueden hallarse terminología y símbolos tomados de muchas religiones en todos los niveles.

¿Quién es Dios aquí? Los masones reconocen un "Arquitecto Supremo", pero esta deidad es deliberadamente ambigua. En el momento de su iniciación, un hombre debe declarar su fe en este ser supremo, pero nunca se le exige decir a qué dios adora, si es que adora a alguno. Falsas religiones son incorporadas a lo largo de la experiencia masónica.

La sala principal de la logia de Nueva York tiene un techo que parece ser de más de 30 pies (unos 9 m) de altura. Por un lado, vimos cuatro placas sólidas, cada una de tres o cuatro pies (aprox. 1 m) (difícil de estimar, ya que estaban muy arriba), y cada una tenía una representación y una inscripción. Una decía: "La mitología del judaísmo", y las otras: "La mitología de los griegos", "La mitología de los egipcios" y "La mitología de los asirios". Esos cuatro grandes sistemas religiosos estaban representados allí, pero no vimos ni una sola cruz en la sala. El lugar tiene un aire decididamente religioso, pero no es la clase de espiritualidad a la cual quiero acercarme.

En los capítulos 4 y 5 mencioné el significado sumamente negativo de los juramentos y votos. Los masones son conocidos por su juramento de muerte, hecho en voz alta por los iniciados, que sella la maldición espiritual que conlleva la iniciación como Aprendiz. Aquí tenemos una muestra del texto que repiten al hacer el juramento:

Yo,_____, por mi libre voluntad y acuerdo, en presencia del Dios todopoderoso, y esta Venerable Logia de Masones Compañeros de Oficio,…por la presente y en adelante [el juramento puede o no ser tomado con una mano sobre una Biblia] solemnemente prometo y juro, además de mi anterior obligación, que no daré los secretos del grado de un Masón Compañero de Oficio a ninguno de un grado inferior, ni a ningún otro ser en el mundo conocido, excepto que sea un hermano o compañero verdadero y legítimo de los Masones Compañeros de Oficio, dentro del cuerpo de una logia justa y legítimamente constituida como tal; y ni oiré a aquel o aquellos, de ser así, sino solo a aquel y a aquellos a quienes yo halle que así son después de una prueba estricta y el debido examen o legítima información. Además prometo y juro que no haré mal a esta logia, ni a un hermano de este grado ni en el valor de dos centavos, a sabiendas, yo mismo, ni toleraré que sea hecho por otros, si está a mi alcance evitarlo. Además prometo y juro que apoyaré la Constitución de la Gran Logia de los Estados Unidos y la Gran Logia de este Estado, según la cual esta se rige, y me conformaré a todos los estatutos, reglas y regulaciones de esta o de cualquier otra logia de la cual yo pueda, en cualquier momento de aquí en adelante convertirme en miembro, en lo que esté a mi alcance. Por otra parte, prometo y juro que obedeceré todas las señales verdaderas y las citaciones dadas, extendidas, enviadas, o hechas para mí de mano de un hermano Masón Compañero de Oficio, o del organismo de una logia justa y legítimamente constituida como tal, siempre que esté dentro de la longitud de mi cable de remolque, o escuadra y ángulo de mi trabajo. Por otra parte, prometo y juro que auxiliaré y asistiré a todos los hermanos Compañeros de Oficio pobres y sin dinero, a sus viudas y huérfanos, dondequiera que se disponga en todo el mundo, en cuanto esté a mi alcance sin perjuicio para mí o mi familia. Todo lo cual prometo y juro, solemne y sinceramente sin la menor vacilación, reserva mental, o autoevasión de la mente en mí en absoluto; me obligo a una pena no menor a que se desgarre el lado izquierdo de mi pecho y se quiten de allí mi corazón y órganos y de allí sean arrojados sobre mi hombro izquierdo y llevados al valle de Josafat, para ser allí presa de las bestias del campo, y del buitre del aire, si alguna vez se comprobara la culpabilidad intencional de violar cualquier parte de este mi solemne juramento u obligación de Masón Compañero de Oficio; que Dios me ayude y me mantenga firme en el debido cumplimiento del mismo. [Este juramento se recita con los ojos vendados, y el candidato ha sido parcialmente desnudado y atado con un lazo de cable (de remolque). Después, el candidato recibe una empuñadura y contraseñas especiales.]

Usted puede ver por qué se llama juramento de muerte: "Me comprometo a una pena no menor a que se desgarre el lado izquierdo de mi pecho y se quiten de allí mi corazón y órganos vitales…, para ser allí presa de las bestias del campo, y del buitre del aire". Aun cuando la gente no lo tome en serio, este juramento es una atadura y es solo una entre muchas. Otros son aun más suicidas, al declarar su disposición a ser degollados de oreja a oreja. (En esto se instruye al nuevo masón que deslice su mano a través de su garganta, imitando el acto del asesinato.) Los masones argumentarán: "Bueno, estos juramentos son solamente simbólicos. Su propósito no es que se los tome literalmente". Sin embargo, ¿por qué alguien querría ponerse bajo un juicio tan increíble si realmente no hay nada en él?

Si usted lee cuidadosamente las palabras grandilocuentes, puede ver que la persona que hace el juramento jura a sus compañeros masones una lealtad mayor que a cualquier otro. Esto significa que cada cristiano que afirma ser también un masón ha jurado cuidar a sus hermanos masones primero, antes que a sus hermanos cristianos.

Usted puede comprender por qué algunas de las maldiciones más fuertes que se puedan encontrar son las maldiciones masonas. Además de la muerte prematura, entre las maldiciones específicas pronunciadas bajo juramento están las maldiciones de enfermedad, sufrimiento, conflictos y problemas familiares y violación sexual. He descubierto que, en casos de esterilidad inexplicable o aborto involuntario repetido y en casos graves de abuso sexual o pedofilia, la culpable era una maldición de la masonería. A veces tales aspectos de la maldición caen sobre la propia familia del masón y otras veces han sido heredados por sus hijos. A menudo, los descendientes de los masones sufren una serie de accidentes, lesiones físicas graves, enfermedades raras, y extrañas desgracias. En un caso, varios nietos de un masón fueron electrocutados. Otra familia, descendiente de un masón de grado 32, tuvo un hijo con síndrome de Down, otro que abusó de su hermana, y un tercer niño que perdió un ojo. ¿Podría explicar la mera coincidencia este tipo de tragedias horribles, todas en los niños de una misma familia?

Se han escrito libros enteros sobre la secta de la masonería, la cual ha influido en muchas otras sectas y organizaciones en el curso de su historia. Confío en que esta breve descripción sea suficiente para convencerlo de que esta secta clandestina ha engendrado, y sigue engendrando, innumerables maldiciones y sufrimientos innecesarios.

LOS MORMONES

Una de las sectas religiosas que tienen raíces en la masonería es la iglesia mormona, también conocida como Iglesia de Jesucristo de los Santos de los Últimos Días (SUD). El fundador de la SUD, Joseph Smith, Jr., se unió a la logia masónica de Nauvoo, Illinois, siendo joven e introdujo una serie de frases y juramentos que se refieren a la muerte en ceremonias mormonas de dedicación que tenían una similitud casi palabra por palabra con los juramentos de los masones. Hasta hace relativamente poco, los votos de los mormones usaban en sus ceremonias de dedicación—rituales que los preparan para convertirse en la realeza y el sacerdocio de la vida después de la muerte—las mismas penalidades que los masones. Incluso después de que las palabras cruentas fueron quitadas de la ceremonia, conservaron por un tiempo el gesto del castigo, un movimiento de rozar su garganta y estómago.[1] La existencia de tales penas de muerte explícitas solo enfatiza la naturaleza clandestina de la devoción mormona. Las ceremonias de dedicación siguen teniendo lugar a puertas cerradas, al igual que muchas otras prácticas fundamentales. Aunque la observancia varía de lugar a lugar, las doctrinas falsas como las siguientes persisten, y proporcionan un terreno fértil para la siembra de maldiciones:

- El cielo tiene tres niveles para paganos, cristianos no mormones, y los que tienen matrimonios sellados cuya unión matrimonial terrenal perdurará para siempre.

- El estado de las mujeres es inferior al de los hombres.

- La Constitución de EE. UU. es divinamente inspirada.

- La ropa interior especial protege a quienes la usan, tanto hombres como mujeres, de la tentación y también de peligros físicos.

- Los bautismos por los muertos aseguran la salvación de gente que ya está muerta, sean santos o pecadores. (De ahí, la preocupación mormona por la genealogía.)

- Satanás es el hermano espiritual rebelde de Jesús y de Adán.

- Los matrimonios interraciales no están permitidos. (La política de la iglesia solo se ha vuelto gradualmente menos antinegra en general, después que líderes de la iglesia recibieran una "revelación" de Dios.)

Además, se cultiva una mentalidad apocalíptica en la iglesia, y se insta a los miembros a almacenar comida para prepararse para tiempos de hambruna.

La Iglesia mormona cree en los dones del Espíritu, pero como alguien que usa el don de discernimiento de espíritus en forma regular, encuentro que sus métodos evidencian ser poco ortodoxos, por decir lo menos, porque implican sacudir la mano de otra persona (o, posiblemente, la mano de un ángel o la mano de un demonio) para ver qué pasa. El consejo de Joseph Smith, conservado en el artículo 129 del texto mormón, "La doctrina y los pactos", es probar por este medio a supuestos mensajeros del cielo.[2]

El sistema de creencias es tan complejo y confuso, incluso para los mormones, que muchos miembros se limitan a dar preferencia a los ritos y a las ideas que encuentran más fáciles de entender. Sin embargo, cualquier persona que tenga el mormonismo en su historia familiar, y ciertamente cualquier persona que haya sido miembro de la iglesia mormona, debe hacer una exhaustiva investigación de "limpieza espiritual", romper las maldiciones demoníacas que acompañan a estos muchos mal concebidos creencias y rituales.

SECTAS DE CAMARADERÍA

Ahora vamos a dirigir nuestra atención a tres organizaciones que son representativas de lo que llamo "sectas de camaradería": los Caballeros de Colón, los Alces, y los Leñadores del Mundo. Existen otros grupos semejantes, pero podemos aprender los conceptos básicos sobre ellos al dar una mirada a estos tres.

Fundada en los Estados Unidos hace más de 130 años y ahora con una membresía internacional, los Caballeros de Colón es una organización fraternal vinculada a la Iglesia católica. Los miembros del grupo realizan actos de caridad que van desde la ayuda en los desastres hasta financiar becas. La organización comenzó en Connecticut con un sacerdote irlandés-norteamericano muy devoto, como una especie de

Rompa la maldición

sociedad de beneficios mutuos para ayudar a los compañeros inmigrantes católicos, la mayoría de los cuales eran pobres. El fundador buscó los beneficios de una organización fraternal para los hombres católicos de su parroquia, pero la Iglesia católica estaba (y sigue estando) legítimamente en contra de la masonería y otras órdenes fraternales. Por tanto, fundaron su propia organización.

El problema es que, en un esfuerzo por fortalecer su atractivo para los potenciales miembros, terminaron adoptando algunas de las mismas prácticas secretas que los masones. No estoy diciendo que los Caballeros de Colón sea una organización maligna o que haya originado tantas maldiciones como los masones. No es así. Ellos hacen mucho bien filantrópico. Sin embargo, soy cauteloso con las organizaciones que esconden sus rituales y juramentos en secreto, ya que, por su propia naturaleza, este tipo de actividad clandestina permite una oportunidad para que entre el mal.

Otra organización, la Orden Benevolente y Protectora de los Alces (BPOE, por su sigla en inglés), por lo general conocida simplemente como Logia de los Alces, o los Alces, comenzó a fines del siglo diecinueve como un club social. Al principio se llamaban a sí mismos los Jolly Corks ("Corchos Felices"), porque era un establecimiento privado de bebidas. Adoptaron una orientación de servicio fraternal cuando surgieron necesidades en las familias de sus miembros. Por largo tiempo, la membresía se limitó únicamente a los hombres; hoy en día las mujeres también pueden ser miembros. La membresía está restringida a ciudadanos estadounidenses mayores de veintiún años que creen en Dios.

Muchos de los miembros originales de los Jolly Corks eran actores de teatro de la ciudad de Nueva York. Uno de ellos había sido miembro de una organización fraternal de siglos de antigüedad en Inglaterra conocida como Royal and Antediluvian Order of Buffaloes (Real y Antediluviana Orden de los Búfalos), y él importó varios de sus rituales a la nueva organización que se convirtió en la Orden de los Alces. (Una vez realicé un exorcismo a un hombre de Trinidad, cuyo padre era miembro británico de los Búfalos y había transmitido demonios y una maldición a su hijo. De hecho, el exorcismo comenzó cuando el hombre intentó atacarme y amenazó con matarme. Tenía una actitud de tipo animal, como la de un búfalo furioso.)

Una de las tradiciones rituales de los Alces se llama "el brindis de las 11 en punto". La undécima hora del día había adquirido una importancia casi mística a lo largo de los años debido a que muchas comunidades tenían una política de "apagar las luces a las once". Este brindis tiene el propósito de honrar a los miembros fallecidos de la organización, pero puede terminar esencialmente en comunicación con los muertos. Esta es la fórmula utilizada por los Alces:

Ustedes han oído el tañido de once golpes. Esto es para recordarnos que para los Alces, la hora once tiene un significado especial. Dondequiera que un Alce deambule, sea cual fuere su suerte en la vida, cuando llega esta hora de la noche el gran corazón del reino de los Alces se hincha y palpita. Es la hora de oro de recogimiento, el regreso al hogar de los que vagan, el pase de lista místico de los que no vendrán más. Vivo o muerto, un Alce nunca es olvidado, nunca es abandonado. Pueden pasar la mañana y el mediodía, la luz del día se hunde descuidadamente en el oeste, pero antes de que las sombras de la medianoche caigan, las campanadas del recuerdo llevarán el amistoso mensaje: "A NUESTROS MIEMBROS AUSENTES".[3]

Los Alces, como los masones, establecieron sus propias ceremonias y parcelas funerarias. Estas ya no se desarrollan, pero en relación con los entierros de miembros Alces dedicados, el lema de los Alces fue alterado de "Una vez Alce, siempre Alce" a "Una vez Alce, eternamente Alce". Decenas de cementerios de toda la nación contienen estatuas y lápidas de Alces.[4]

Hablando de lápidas, es frecuente que antiguos cementerios de varios estados contengan réplicas en piedra de tocones de árboles. Estos marcan las tumbas de los miembros fallecidos de la orden fraternal conocida como Leñadores del Mundo. La organización comenzó a identificar las tumbas de esta forma en 1880 y se detuvo aproximadamente en 1935.[5]

Hoy en día, la organización es más conocida por su gran compañía de seguros privada, con sede en Omaha, Nebraska. Esa ciudad es el lugar donde Leñadores del Mundo fue fundada por un hombre llamado Joseph Cullen Root, quien ha sido denominado como "el fundador de sociedades fraternales benéficas más prolífico de Estados Unidos":

> Root tenía una firme convicción de que la masonería y otras organizaciones fraternales tenían que desempeñar un importante papel en la promoción del bienestar humano. Por lo tanto, buscó la luz en la masonería... [avanzando a través de distintos grados o niveles]. También tuvo membresía en los Caballeros Templarios, los Caballeros de Pitia, y la Orden Independiente de Individuos Singulares. [Pitia —o Pitonisa— era la sacerdotisa del antiguo oráculo griego de Delfos, y operaba bajo el control de un espíritu semejante a la serpiente, para pronunciar supuestas profecías. Los que están en ministerios de guerra espiritual reconocen esta fuerza del mal como el demonio Pitón.]
>
> Las primeras experiencias de Root con las sociedades fraternales benéficas incluyeron la participación en la Legión de Honor de Iowa, la Antigua Orden de los Obreros y Mecánicos Unidos, y V.A.S. (Vera Amicitia Sempiterna, "La verdadera amistad es eterna"). Estableció los sistemas

de contabilidad y escribió los rituales para estas dos organizaciones. Sin duda, en su preparación de estos y posteriores rituales, tomó elementos de la masonería, la Fraternidad de los Singulares y el Pitonismo.

Con el tiempo, él sería el responsable del establecimiento de Modern Woodmen of America (Modernos Leñadores de América), Woodmen of the World Life Insurance Society (Compañía de Seguros de Vida Leñadores del Mundo), Woodmen of the World (Jurisdicción del Pacífico), Canadian Woodmen of the World (Leñadores del Mundo de Canadá), Supreme Forest Woodmen Circle (Círculo Supremo de Leñadores del Bosque), Neighbours of Woodcraft (Vecinos de Silvicultura), e indirectamente, Royal Neighbors of America (Vecinos Reales de América).

En julio de 1882, Root escuchó un sermón del Rev. Sidney Crawford en la Primera Iglesia Congregacional de Lyons, Iowa, acerca de "los pioneros leñadores que despejaron el bosque para mantener a sus familias". Así, se inspiró para organizar la Modern Woodmen of America (Modernos Leñadores de América) como una sociedad que quitara los problemas de seguridad financiera de sus miembros. Sintió que el uso del término "antiguo" por tantas fraternidades era deshonesto y, por lo tanto, describió su orden como "moderna". Él vio la palabra "leñadores" como alusión a una noble. Como su orden era nativa del suelo americano, sintió que la adición de las palabras "de América" era muy apropiada. Vio a su creación como vinculada con su nombre "Root" (raíz, en inglés) y visualizó una orden creciendo de la misma manera que crece un árbol en el bosque desde sus raíces.

Rompa la maldición

El 5 de enero de 1883, Root estableció Modern Woodmen of America (Modernos Leñadores de América) en Lyon. Escribió el ritual y sirvió como el primer Cónsul Venerable del Campo Pionero Nº 1 y el primer Cónsul Principal de la nueva orden. En 1888, los Royal Neighbors of America (Vecinos Reales de América) se establecieron como un auxiliar de damas, con una relación con la orden madre similar a la de la Orden de la Estrella de Oriente con la masonería.[6]

Con su historia de conexiones con rituales clandestinos, no me sorprende cuando trato casos de posesión demoníaca y maldiciones que han venido de personas cuyos antepasados directos estuvieron involucrados en Woodmen of the World (Leñadores del Mundo). Debido a estas experiencias, así como lo que he aprendido acerca de la organización, yo no quiero tener una póliza de seguro con ellos bajo ninguna circunstancia, aunque me limito a aconsejar a las personas que tienen una póliza de ellos que sigan su propia conciencia respecto a dejarla.

PROBLEMAS CON ORGANIZACIONES CLANDESTINAS

Hay dos elementos clave en los peligros de las organizaciones clandestinas: (1) la atadura del corazón y la conciencia de uno con personas y organizaciones impías, y (2) la efectiva realización de juramentos.

No es que todas las organizaciones clandestinas sean absolutamente luciferinas, pero cuando las personas se atan entre sí con ligaduras de alma, se abren a la impiedad y maldad de los otros. Cuando usted tiene una organización cuyos miembros hacen juramentos en estricto secreto, especialmente cuando esos juramentos implican lesiones y muerte como consecuencia, ha creado automáticamente un entorno en el que las maldiciones y los espíritus malignos pueden operar.

Después de su sermón del monte, Jesús dejó en claro su opinión sobre el tema de los juramentos impíos:

> *También han oído que se dijo a sus antepasados: (No faltes a tu juramento, sino cumple con tus promesas al Señor). Pero yo les digo: No juren de ningún modo: ni por el cielo, porque es el trono de Dios; ni por la tierra, porque es el estrado de sus pies; ni por Jerusalén, porque es la ciudad del gran Rey. Tampoco jures por tu cabeza, porque no puedes hacer que ni uno solo de tus cabellos se vuelva blanco o negro. Cuando ustedes digan (sí), que sea realmente sí; y cuando digan (no), que sea no. Cualquier cosa de más, proviene del maligno.*
> —MATEO 5:33-37

¿Cuánto más claro podría ser? Ningún juramento está exento. Todas las sectas clandestinas invocan maldiciones que se basan en presuntos juramentos. Un presunto juramento es prometer hacer algo que usted no tiene el poder para realizar, o que Dios le prohíbe realizar, como asesinar u ofrecerse uno mismo para ser asesinado. Lejos de ser meramente simbólicos o ilustrativos, tales juramentos conllevan maldiciones reales. Jesús habla sus imperativas palabras a todos sus seguidores. Cada vez que la gente no puede conformarse con un simple sí o no, sino que debe subrayar sus declaraciones con juramentos, elige someterse a algo o alguien que no es Él.

La conclusión es la siguiente: Cualquier organización—se llame fraternidad o servicio social o incluso iglesia—es maligna si exige que sus miembros se comprometan entre sí y con la organización por medio de votos, juramentos, ceremonias o rituales secretos. Esto es especialmente cierto cuando esas palabras de compromiso requerirían que los miembros en algunas circunstancias realicen actos inmorales o ilegales que amenazan la vida. La membresía en una organización tal es membresía de una secta clandestina, y trae consigo una maldición demoníaca.

Los cristianos no solo no deben considerar unirse a una organización de este tipo, sino que además deberían examinar sus vidas para hallar evidencia de maldiciones que se derivan del compromiso de membresía de miembros de su familia en el pasado.

Romper las ataduras demoníacas de las sectas clandestinas es vital para la libertad completa. La vida misma puede depender de ello.

Capítulo 7

MALDICIONES INESPERADAS

En el curso de mi ministerio, se han repetido escenas similares a esta cientos de veces. Comienzo por preguntar a una persona qué la hirió más en el pasado, y obtengo una respuesta que es algo así como esta (de un hombre de mediana edad):

"El rechazo de mi madre cuando estaba en su vientre, el abuso de mi tío cuando yo tenía siete años, el acoso de otros niños cuando estaba en la escuela. Algo se apoderó de mí. Solo quería suicidarme. Ahora estoy atormentado por sueños de…"

Ya podemos comenzar a sospechar que está involucrada una maldición demoníaca.

En muchos de estos casos, como con este hombre, la evidencia actual incluye sueños atormentadores, depresión y un miedo persistente a actuar fuera de los patrones de pensamiento pervertidos. Mientras tanto, él llevaba bastante tiempo siendo cristiano.

Él quiere ser libre. Recuerda los hechos de lo que le ocurrió cuando era niño, pero sus recuerdos no son claros: el dolor, el miedo y el enojo serían demasiado difíciles de controlar. Ahora que estamos a punto de romper la maldición de abuso sexual y deshacernos del espíritu inmundo, quiero que él deteste lo que pasó y desprecie al enemigo por lo que hizo, de modo que ordeno al demonio: "Deja que sienta el dolor, el miedo de cuando abusaron de él".

"¡No me toques! ¡No me toques!". El hombre experimenta lo que los psicólogos llaman una "abreacción". Sus emociones vuelven al tiempo en que fue violado, y experimenta el terror de ese momento, como si estuviera sucediendo en el ahora. Este es el momento de enfrentar al espíritu maligno que preparó el abuso sexual.

"Presta atención y mírame, espíritu inmundo".

"Él es un...".

"¿El es qué?".

"¡Él es un pervertido!".

"Acabas de maldecir la propiedad de Dios. Este hombre le pertenece a Cristo. Él está cubierto por la sangre de Cristo. Él no es un pervertido".

"Yo lo hice un pervertido".

"No, no lo hiciste. ¿Ha abusado de un niño?".

"No, pero..."

"Bueno, entonces, no es un pervertido porque no has podido lograrlo. Lo intentaste, pero fallaste. Lo más que pudiste hacer fueron esos sueños inmundos".

El espíritu maligno, que todavía habla por la boca y los gestos del hombre, objeta con sorna: ¡Él tenía que salvarse! Eso es todo lo que piensa. Él está destruyendo nuestro reino. Probablemente terminará ayudándote.

Es hora de poner fin a este interrogatorio. Hago que el demonio repita después de mí:

"Di: (Yo, Perversión)..."

"Yo, perversión..."

"...con toda mi especie..."

"...con toda mi especie..."

"...no tenemos más derecho..."

(Hablando con dificultad) "...no tenemos más derecho..."

"No tenemos más derecho. Todos recibimos..."

"Todos recibimos..."

112

"…el juicio…"

"¡Yeow!…El juicio…"

"…del Dios todopoderoso".

"…del Dios todopoderoso".

Después de ministrar más sanidad emocional al hombre, queda claro que está quebrado el asidero del espíritu maligno y en verdad se está ejecutando el juicio de Dios. Procedo a echar fuera el demonio, como ya he descrito mucho en otros ejemplos de este libro. Durante un exorcismo, puede haber muchos aspectos únicos que son peculiares de esa liberación. Pero en la conclusión del proceso, normalmente me atengo al protocolo ya detallado anteriormente, ordenando al intruso demoníaco que anuncie su propio destino y declare que reconoce el juicio del envío al tormento del abismo, del infierno. Al hacer que el demonio declare su propia expulsión, está legalmente atado por las palabras que ha hablado, "Con toda mi especie, me voy ahora al abismo".

Una vez que el demonio ha dejado al hombre que estaba atormentado por pensamientos de perversión, lo unjo con aceite. "Yo declaro que estás lleno de la paz de Dios, de la presencia de Cristo, y del consuelo del Espíritu Santo. Que el Señor quite los sueños, las pesadillas, todos los malos pensamientos que fueron plantados. Pedimos por la sanidad de tu mente ahora mismo en el nombre de Jesús".

"Alabado sea Dios", testifica el hombre, con su esposa a su lado. "Amo al Señor. Quiero servirlo con toda mi vida. La vida no tiene sentido sin Él. Es simplemente nada, como dijo Salomón. Todo es insignificante, excepto servir al Señor".

¿ES ESO UNA MALDICIÓN?

Alguien como este caballero es un perfecto ejemplo de cómo las maldiciones que se han adherido a algún evento del pasado pueden ser responsables del infierno privado en el que la persona ha vivido. Los sueños de este hombre lo atormentaban. Tenía que resistir las tentaciones pedofílicas todo el tiempo, y vivía con el continuo temor de abusar de su propio hijo o del hijo de otra persona de la misma forma en que él había sido objeto de abuso. Él amaba al Señor, y por sí mismo nunca abusaría de un niño. ¿De dónde venían esos pensamientos? ¿Qué pasaba realmente?

Cuando por fin, en un lugar seguro, entendió la verdad de lo que le había pasado cuando estaba a la intemperie, pudo ser liberado de la maldición que le había robado tanto. Satanás trata de hacer estragos en la raza humana mediante miles de diferentes tipos de maldiciones, y algunos son más fáciles de discernir que otros. Las maldiciones que vienen de fuentes sectarias y ocultistas son bastante obvias. Otras pueden enmascararse como daño psicológico o "mala suerte", porque la persona que acarrea la maldición tiene cicatrices emocionales y lucha con las circunstancias de la vida.

Por supuesto, no todo es una maldición. Hay cosas que simplemente suceden en el curso de la vida normal. Algunas malas decisiones producen peor frutos que otras. Pero es bueno poder reconocer una maldición potencial, a fin de poder tratar eficazmente con ella. Siempre que alguien está lidiando con un patrón no tratable y angustiante de pensamientos, comportamientos o circunstancias, usted debe sospechar de una maldición, además de la infiltración demoníaca. Y la mayoría de las veces, estas maldiciones surgieron en el pasado, de fuentes insospechadas.

Maldiciones de fuentes inesperadas

Ahora usted ya debe estar familiarizado con el hecho de que las maldiciones pueden seguir rigurosamente después de un manifiesto comportamiento pecaminoso, comportamiento que, a menudo, tuvo lugar generaciones atrás, y que el efecto de una maldición sube y baja dependiendo de la piedad de los individuos que toca. Por lo tanto, algunos de los siguientes tipos de maldiciones no deberían sorprenderlo, aunque usted no se haya dado cuenta de que ciertos problemas pueden haber surgido de algo tal como una maldición. Algunos de los otros puede alarmarlo e incluso perturbarlo.

Estoy describiendo lo que he descubierto en el curso de mi propio ministerio que abarca más de tres décadas. Mi esperanza es que esta información brinde ayuda a mis lectores, aunque cada uno de ustedes tendrá que decidir en oración cómo usarla. He roto las siguientes maldiciones a menudo en favor de los cristianos en Norteamérica y en más de un centenar de naciones de todo el mundo.

Maldición de esclavitud: La maldición de esclavitud recae principalmente en los afroamericanos, pero también sobre aquellos cuyos antepasados eran blancos dueños de esclavos. Entre los afroamericanos, se manifiesta en una actitud de servidumbre o un odio permanente hacia las personas de raza blanca, la idea de que un comportamiento combativo contra los blancos es la única manera de salir adelante en la vida. Veo operar esta maldición cuando veo la conflictividad de ciertos conocidos agitadores negros. (No veo esto en el presidente de los EE. UU., Barack Obama, en honor a él. Él no está atrapado en esa forma de pensar, y esa es probablemente una de las razones por las que ha tenido tanto éxito en la vida.)

Entre la gente blanca, la maldición se muestra como racismo y falso orgullo. Sus antepasados adquirieron la maldición de esclavitud cuando degradaron a sus esclavos de piel negra, y la generación actual ha perpetuado la actitud de superioridad, en virtud del mero color de la piel. Casi siempre cuando trabajo sea con afroamericanos, o con blancos a quienes no les gustan los negros, los llevo a la reconciliación racial para romper estas maldiciones. Esto no significa que los negros o los blancos, o cualquier otra identidad étnica, esté maldecida per se como raza. Esto significa que algunos individuos de tales clasificaciones raciales pueden tener dificultades para vivir en armonía con aquellos a quienes históricamente percibían como sus dominados o sus opresores.

Rompa la maldición

La maldición de divorcio: ¿Cuántas veces usted ha dicho algo como esto? "El divorcio parece operar en esa familia". Incluso puede verlo en su propia situación. Para definirlo como una maldición debe ser un patrón marcado, no solo un divorcio ocasional. En una línea familiar con una maldición de divorcio, nadie parece ser capaz de hacer que el matrimonio funcione. Todo el mundo se divorcia, padres e hijos, tíos, tías, primos, sobrinas, sobrinos, la mayoría de ellos más de una vez. Esto no quiere decir que las personas divorciadas estén maldecidas como individuos simplemente porque fallaron en un matrimonio. Pero una maldición de divorcio en el linaje puede hacer que sea difícil encontrar y mantener relaciones conyugales estables.

La maldición de infertilidad: No toda infertilidad es el resultado de una maldición, ya que puede ser el resultado de una condición fisiológica persistente y sistémica. Pero la infertilidad crónica en la línea familiar, que cae sobre algunos descendientes (obviamente no sobre todos o no habría linaje) puede ser un indicio de que se ha activado una maldición. En el Antiguo Testamento, a menudo la infertilidad era considerada como una maldición por alguna maldad ancestral. El salmista encontró importante declarar del Señor: "El hace habitar en familia a la estéril, que se goza en ser madre de hijos" (Salmo 113:9, RV60).

La maldición de abandono: Encuentro frecuentemente esta maldición acoplada a personas que fueron dadas en adopción o personas que eran pequeñas cuando sus padres se divorciaron. Cuando los padres o custodios van en diferentes direcciones, por cualquier razón, los niños pueden sentirse rechazados, y la maldición de abandono puede venir sobre ellos. Cuando un padre se va continuamente debido al trabajo u otras obligaciones, o cuando un padre no puede vincularse emocionalmente con un niño pequeño, este aparente descuido puede inculcar en la descendencia sentimientos de abandono (si no se adoptan deliberadamente medidas positivas para afirmar el afecto y la importancia). Satanás aprovechará tal situación para exagerar el abandono percibido en la mente del niño y para instilarle amargura o una sensación de falta de valor, las cuales proveen aperturas para una maldición demoníaca.

La maldición de abuso sexual: Esta fue la maldición rota en la historia del comienzo de este capítulo. Usted debería sospechar que esta maldición está operando siempre que un comportamiento sexual aberrante haya venido sobre una persona. En los casos de abuso de niños, violación e incesto, la aberración puede duplicarse entre los familiares. En mi amplia experiencia en consejería encuentro que la mayoría de las víctimas de violación son, en cierta medida, oprimidas por el demonio, y este papel de víctima pasa de alguna manera a sus hijos, quienes suelen estar particularmente en riesgo.

La maldición de tener un mal nacimiento: La expresión "mal nacimiento" abarca cualquier tipo de trauma de nacimiento. A veces le pregunto a la gente lo que saben acerca de las circunstancias de su nacimiento, y he oído algunas historias muy interesantes sobre lo que sus madres tuvieron que pasar para darlos a luz. A veces, por supuesto, un parto difícil en sí puede ser el resultado de una maldición. Una vez más, no digo que todos los partos difíciles sean resultado de una maldición. Pero tal maldición puede afectar negativamente a la madre, causando condiciones emocionales e incluso físicas que conducen a un parto traumático. A veces las circunstancias del nacimiento aterrorizan tanto al recién nacido que termina viendo al mundo a través de la lente de una maldición, y cada entorno parece ser un lugar perpetuamente aterrador.

La maldición de victimización: Esta es la maldición que hace que una persona diga: "Yo siempre voy a ser objeto de abuso y maltrato de parte de otro. ¡Ay de mí! Nunca voy a salir adelante en la vida. Soy solo una víctima". Esta es una maldición de no poder elevarse por encima de sus circunstancias, porque una parte de usted cree que su destino en la vida es llevarse la peor parte.

Rompa la maldición

Esta maldición puede tener sus raíces en ancestros que fueron perseguidos o sufrieron alguna forma de privación de derechos. A veces la encuentro en los que tienen ascendencia judía, especialmente aquellos cuyos familiares sufrieron el Holocausto. En Europa oriental, lo experimentan personas cuyos padres vivieron bajo el totalitarismo de la Rusia soviética. Los afroamericanos, los nativos americanos y los pueblos aborígenes también pueden tener esta maldición, ya que son los descendientes de la esclavitud y el genocidio. Aquellos cuyos antepasados fueron violados sexualmente generación tras generación pueden estar inconscientemente en riesgo debido a que actúan de una manera vulnerable en vez de una manera segura. Esta maldición se rompe al declarar que en Cristo somos una nueva criatura (2 Corintios 5:17) y nos convertimos en vencedores en lugar de víctimas.

La maldición de procrastinación: Esta maldición...bueno, no importa. Tal vez simplemente no tengo ganas de contarle al respecto. Esto es lo que haré; voy a ponerlo en mi próximo libro....

En serio, existe tal cosa como una maldición de procrastinación, aunque no todo incidente de procrastinación viene de una maldición. ¡Por supuesto que no! Usted puede comenzar a sospechar de una maldición si observa un patrón definido de procrastinación en una familia. Algunas personas elevan la procrastinación a una forma de arte. Me pregunto si nacionalidades enteras se ven afectadas por esta maldición.

Posponer lo inevitable o lo importante, cuando no es simplemente un mal rasgo conductual, puede ser espiritualmente incapacitante. Hace que la gente evite las decisiones críticas y los desafíos de la vida. Lo veo en los que se casan tarde, los que se aferran a relaciones nocivas, los que postergan actividades educativas, los que dejan de atender la salud personal o los problemas de peso, y retrasan metas espirituales tales como leer la Biblia. Estos individuos siempre están buscando la "iglesia correcta", mientras no asisten a ninguna, y se preocupan por tener el trabajo equivocado, aunque nunca escriben un nuevo currículo.

Seamos claros. Todas estas características pueden ser el resultado de condiciones humanas y no tener nada que ver con lo sobrenatural. La diferencia está en si el linaje de una persona muestra o no esta conducta incapacitante como parte de un patrón. Eso podría remontarse a la decisión de algún antepasado de evitar el dolor emocional o la negativa a aceptar alguna decisión espiritual importante, limitando así a las generaciones futuras con un terror a la toma de decisiones.

La maldición de aislamiento: a este mal lo llamo maldición de estar atrapado en Jerusalén. Usted ya sabe, la maldición que limita a la gente para salir y hacer cosas para cumplir con su llamado y su propósito. Ellos nunca "salen de Jerusalén" a Judea y Samaria y hasta lo último de la tierra (vea Hechos 1:8).

¿Cómo se ve esto? Una persona atrapada en el aislamiento encuentra difícil aceptar desafíos en las relaciones. Hay personas que pueden estar solteras debido a esto, y nunca se extienden emocionalmente hacia otros. Viven en una especie de confinamiento. No quieren volverse vulnerables, por loo que nunca llegan a salir. Otros pueden estar atrapados en un trabajo sin futuro o una vocación que detestan. Ellos podrían decidir salir de eso, pero no lo hacen. Están atrapados en Jerusalén.

No me entienda mal; como con todas estas maldiciones, no todas las personas solitarias están afectadas por la maldición de aislamiento ni todos los trabajadores descontentos están bajo una maldición. Pero constantemente encuentro espíritus malignos conocidos con el nombre Aislamiento. Su trabajo consiste en mantener a su huésped separado del contacto humano, fuera de la comunidad de hermanos adoradores de Cristo, y sumido en soledad. En casos extremos, la víctima sufre de agorafobia, nunca sale de la casa, excepto ocasionalmente por necesidad.

"Quiero a esta persona para mí para poder controlarla", me dicen los demonios de esta maldición. Para romper esta maldición animo a la gente aislada a desarrollar un grupo ante el cual ser responsable, por lo menos un pequeño círculo de amigos que puedan seguir de cerca regularmente su comportamiento. El propósito demoníaco de esta maldición es lograr que el individuo aislado recicle una y otra vez pensamientos y emociones sin aportes externos objetivos. Los amigos son los medios por los cuales ponemos a prueba nuestras ideas y exponemos nuestros problemas en un contexto seguro. Sin eso, la víctima aislada solo puede oír las voces internas de demonios o las sugerencias del diablo.

Esta maldición puede venir de un progenitor asfixiante que quiere mantener a un hijo por siempre para sí mismo. Ninguna pareja potencial será jamás lo suficientemente buena para ganar la aprobación de mamá o papá. Me he encontrado con casos de un progenitor con problemas de salud que estaba decidido a mantener a un hijo como cuidador de fácil disponibilidad, y, por lo tanto, minaba cada relación que el hijo adulto trataba de desarrollar. Quizás no parezca una mala trampa tener a mamá en el hogar de ancianos, demandándole constante comunicación, lo que le dificulta a usted su desarrollo social, pero los demonios explotarán aun las mejores intenciones para mantenerlo a usted en la maldición de aislamiento

Esta maldición también se complica por los antepasados que se retiraron a un estado de distanciamiento por causa del miedo o la persecución. Pueden haber sido perseguidos por razones religiosas o étnicas hasta el punto en que parecía ser más seguro evitar el contacto exterior. El abuso físico y sexual también juega un papel en este patrón. Si los padres o abuelos de uno, por ejemplo, fueron violados, ellos pueden haber hallado más fácil retirarse a un estado emocional interno y tratar de evitar nuevos abusos dando la impresión de ser "invisibles". Se establece entonces el patrón de retirarse en cada área de la vida a fin de obtener un falso sentido de seguridad.

Dios nos ha creado para estar en comunidad, y todos somos más saludables en todos los sentidos cuando estamos conectados a la gran familia humana, especialmente a nuestros hermanos y hermanas en Cristo. Es por eso que la Biblia dice que las decisiones importantes de la vida deben tener los controles y el equilibrio descritos en Proverbios 11:14: "Donde no hay dirección sabia, el pueblo cae; la seguridad está en los muchos consejeros" (RV95). Para romper la maldición de aislamiento, la persona apartada debe tomar la iniciativa de llegar donde están disponibles las amistades y las relaciones y edificarlas. El control del diablo se desvanecerá gradualmente, y los demonios ya no tendrán a esa persona para ellos.

Maldiciones asociadas con transfusiones de sangre y trasplantes de órganos: A veces la gente me pregunta sobre la posibilidad de heredar una maldición de una persona no relacionada por medio de una transfusión de sangre o un trasplante de órganos. La Biblia no prohíbe explícitamente las transfusiones de sangre o los trasplantes de órganos, debido a que tales cosas eran imposibles para la ciencia médica, cuando la Biblia fue escrita. Lo que sí dice la Escritura es que "la sangre es la vida" (Deuteronomio 12:23).

Sabemos que la sangre de otra persona siempre acompañará un trasplante de órganos donados, y sabemos que las maldiciones se transmiten en la "línea de sangre". Este hecho es espiritual y metafórico, pero también puede ser literal. He tratado casos de posesión demoníaca en los cuales el demonio reclamaba un derecho legal por una transfusión o un trasplante de órgano. Si el donante de órganos acarreaba una maldición generacional en su código genético, esta podría ser "donada" junto con el órgano físico o la sangre.

Una vez, cuando fui hospitalizado, recibí una transfusión de sangre. La orden llegó de noche cuando yo estaba solo. Inmediatamente llamé a mi esposa para poder ponernos de acuerdo en oración a fin de quebrar toda maldición en la sangre que estaba a punto de recibir. Si yo fuera a recibir un trasplante de órgano, oraría de la misma forma. Confiaría en Dios para romper toda maldición adjunta al órgano o a la sangre para poder recibir de buen grado el órgano, seguro de que el poder de la Palabra de Dios puede romper todas las maldiciones.

CREMACIÓN

Ahora quiero presentar un material que muchas personas consideran controvertido: la idea de una maldición adjunta al acto de la cremación. Quiero explicarle por qué creo que esto es cierto.

A lo largo de la historia, han sido los paganos, los seguidores de las religiones demoníacas y el ocultismo, quienes han cremado a sus muertos. Ellos construían sus piras funerarias y observaban los cuerpos de sus seres queridos quemarse hasta las cenizas sin angustias, porque muchos de ellos creían que el cuerpo es malo, mientras que el espíritu es puro, y que para que el cuerpo libere el alma a su próxima etapa de reencarnación en la próxima vida, no puede permanecer encerrada en el cuerpo malo en descomposición. Los sobrevivientes no esperan ver de nuevo a sus seres queridos.

Los cristianos y los judíos, sin embargo, creen que el alma y el espíritu ya son entregados a Dios en el momento de la muerte. Como una declaración de fe, en oposición a las creencias del mundo grecorromano en el que vivían, la Iglesia Primitiva enterraba a sus muertos. Esa es la razón por la cual las catacumbas subterráneas de Roma están llenas de tumbas. En la muerte, como en la vida, el cuerpo recibe honra. Los cristianos y los judíos siempre han hecho descansar los cuerpos muertos en la forma en que se les conocía en vida.

En Norteamérica, la cremación era casi inaudita hasta fechas tan recientes como 1900. Para 1972, la frecuencia de cremación había aumentado a alrededor del 5 por ciento, y veinte años después, llegó hasta el 20 por ciento como método preferido de tratamiento para el cuerpo de una persona después de la muerte. Tan recientemente como en 2010, el 40 por ciento de los estadounidenses han sido cremados después de la muerte, y por supuesto, el porcentaje sigue aumentando.

Como una disposición electiva, la cremación es mucho más económica que el entierro tradicional, y ofrece mucha más flexibilidad en cuanto a los servicios fúnebres. Nadie debe sentirse culpable si ha tomado la decisión de cremar el cuerpo de un ser querido o si ellos han escrito la cremación como sus propios deseos finales. Pero debemos reconocer el hecho de que la cremación elimina una cantidad significativa de "cierre" del proceso de la muerte. El proceso de cremación de tres horas borra el homenaje al cuerpo que se levantará de entre los muertos algún día. El operador del crematorio raspa los gránulos y fragmentos y los coloca en una caja de cartón del tamaño de una caja de zapatos, los cuales pueden ser enterrados, diseminados, enviados o se les puede permitir recoger el polvo en la repisa de la chimenea. La cremación se ajusta a nuestra mentalidad de comida rápida. No tenemos un velatorio. No queremos sentir. No queremos hacer el duelo ni pensar en la vida después de la muerte.

Los antiguos judíos, seguidos por los primeros cristianos y los musulmanes, encontraron inaudita la cremación. De hecho, si no podían atender adecuadamente un cuerpo antes del entierro, al menos querían que los huesos fueran enterrados con cuidado. José quería que sus huesos fueran traídos de Egipto (vea Génesis 50:25; Éxodo 13:19). Cuando Saúl se suicidó y los enemigos de Israel tomaron su cuerpo y lo colgaron en el muro, el pueblo fiel de Israel fue y recogió sus huesos para asegurarse de que fueran enterrados (vea 2 Samuel 21:12-14. Es cierto que primero quemaron el cuerpo, pero fue por razones de prácticas higiénicas, además de consideraciones razonables de traslado).

Por razones prácticas o civiles, la cremación puede ser la mejor opción a veces, por ejemplo, si una persona vive en un país donde el espacio es muy escaso y todos los que mueren deben ser cremados. En tiempos de guerra o de desastre natural o de peste, la cremación puede ser la única manera de

Rompa la maldición

prevenir la propagación de la enfermedad. Pero cuando la opción de una sepultura cristiana se halla disponible, ¿por qué elegir el método no bíblico? ¿Por qué cortejar la oportunidad de adquirir una maldición por "hacer como hacen los paganos"?

Pablo resume el enfoque bíblico de la muerte y el entierro en el capítulo 15 de su carta a la iglesia de Corinto, cuya lectura recomiendo. Ahora se puede leer con una nueva comprensión:

Porque ante todo les transmití a ustedes lo que yo mismo recibí: que Cristo murió por nuestros pecados según las Escrituras, que fue sepultado, que resucitó al tercer día según las Escrituras, y que se apareció a Cefas, y luego a los doce

Ahora bien, si se predica que Cristo ha sido levantado de entre los muertos, ¿cómo dicen algunos de ustedes que no hay resurrección? Si no hay resurrección, entonces ni siquiera Cristo ha resucitado. Y si Cristo no ha resucitado, nuestra predicación no sirve para nada, como tampoco la fe de ustedes. Aún más, resultaríamos falsos testigos de Dios por haber testificado que Dios resucitó a Cristo, lo cual no habría sucedido, si en verdad los muertos no resucitan. Porque si los muertos no resucitan, tampoco Cristo ha resucitado. Y si Cristo no ha resucitado, la fe de ustedes es ilusoria y todavía están en sus pecados. En este caso, también están perdidos los que murieron en Cristo. Si la esperanza que tenemos en Cristo fuera sólo para esta vida, seríamos los más desdichados de todos los mortales.

—1 Corintios 15:3-5, 12-19

124

TATUAJES Y PERFORACIONES
CORPORALES (PIRSINES)

Usted no lo sabría mirando a la gente en un lugar público en un caluroso día de verano, pero el pueblo de Dios tiene que tener algún entendimiento bíblico cuando se trata de tatuajes y perforaciones corporales. Podemos comenzar con la lectura de la orden de Dios al pueblo de Israel: "No se hagan heridas en el cuerpo por causa de los muertos, ni tatuajes en la piel. Yo soy el Señor" (Levítico 19:28). Una cosa es que los no cristianos se hagan tatuajes. Los no cristianos toman muchas decisiones que no guardan relación con los deseos de Dios. Si tales personas posteriormente se convierten en cristianos, siguen llevando la evidencia física de su vida anterior antes de ser nuevos en Cristo. Esa evidencia también puede llevarse de otras maneras, y yo no quiero hacer sentir culpable a nadie.

Otra es la cuestión cuando un cristiano que conoce la Palabra de Dios decide "entintarse". Simplemente, hacerlo no es algo espiritualmente inteligente, y lo mismo ocurre con la automutilación que conllevan las perforaciones corporales. Por supuesto, no se hacen muchas perforaciones por los muertos como el pasaje anterior prohíbe, pero otros pasajes del Antiguo Testamento deploran la práctica de drenar sangre por cortes de la propia piel, y la relacionan con adoración demoníaca. (Vea, por ejemplo, 1 de Reyes 18:28 acerca de los profetas de Baal en el monte Carmelo, y Marcos 5:5 sobre el endemoniado gadareno.)

Debido a que tanto los tatuajes como los pirsines implican la perforación de la piel, y porque tal perforación de la piel tiene asociaciones espirituales primitivas, los tatuajes y los pirsines pueden (y lo hacen) dar apertura a maldiciones demoníacas. He encontrado situaciones en las que no pude lograr que los demonios dejaran a las personas hasta que ellas se sacaron sus pírsines. Una vez una mujer tenía un pirsin en el ombligo, que estaba oculto a mi vista por su ropa. Los demonios simplemente no querían obedecer cuando traté de echarlos. Insistí y obligué a los espíritus malignos a que revelaran la fuente de su fuerza. (Piénselo. El ombligo representa la fuente prenatal de vida corporal).

Era el arete de su ombligo aquello a lo cual se adherían y lo que les había dado permiso para entrar a la vida de ella. Así que algunas señoras que me ayudaban en el ministerio la llevaron a un costado, y ella se levantó la blusa para que pudieran sacarle el arete. Los demonios salieron de inmediato. Experiencias como esa son reveladoras en muchos sentidos.

En otro caso, una mujer atormentada por demonios resistía todos los intentos para recibir liberación. Ella se inclinó por casualidad un momento para atar su calzado, y expuso la parte baja de la espalda, donde tenía un tatuaje llamado "sello de la zorra" en la base de su espina dorsal. Cuando se volvió a enderezar, le pedí permiso para colocar mi Biblia sobre ese punto. Ella se inclinó, y una señora que ministraba conmigo puso la Biblia directamente sobre el tatuaje. La mujer gritó al instante en una completa manifestación demoníaca y voló fuera del sofá, retorciéndose en el piso con convulsiones demoníacas.

La base de la columna vertebral es un lugar especialmente popular para los tatuajes. Debido a que esta ubicación en el cuerpo humano coincide con el chakra muladhara (un centro psíquico) del hinduismo, se utiliza para despertar el kundalini, o poder de la serpiente, en el yoga. Dado que están destinados a mejorar la iluminación espiritual en unión con Dios, maldiciones espirituales pueden caer sobre los que tienen tales tatuajes.

Incluso en otro caso, una madre cristiana me trajo a su hija adolescente que estaba experimentando un extraño trastorno de los ojos que le causaba ceguera temporal ocasional y punzantes dolores de cabeza. Me di cuenta de que si este ataque físico era demoníaco la única manera en que Satanás podía atacar a la hija era a través de la madre, a menos que la chica estuviera involucrada en algún pecado o vicio oculto. Hablé largamente con la hija y eliminé todas las explicaciones posibles para una apertura demoníaca por su propio mal comportamiento. Mientras tanto, la madre estaba sentada en una silla frente a mí con las piernas cruzadas, con pantalones cortos de verano que llegaban justo debajo de su rodilla. Mis ojos se dirigieron a algo que no había notado antes. En la pantorrilla tenía un gran tatuaje de un lobo. Le pregunté la razón del tatuaje, y me dijo que había tenido fascinación por los lobos desde que era un niña.

"¿Puedo tomar la cruz que uso cuando ministro liberación y tocar ese tatuaje?", pregunté.

"Por supuesto".

Ni siquiera lo toqué. Dirigí el vértice en punta de la cruz hacia el tatuaje e hice un movimiento de apuñalamiento como si perforara espiritualmente al lobo. Los demonios instantáneamente se pusieron atentos y se abalanzaron sobre mí para hacer retroceder la cruz, y gritaban: "¡Detente! ¿Cómo supiste que nuestro poder estaba en ese tatuaje?".

Resultó ser que quien necesitaba ministración era la madre. Era ella la que portaba la maldición, la cual había pasado a atormentar físicamente a su hija. Mediante el proceso de exorcismo, finalmente descubrimos una maldición que se remontaba a casi mil años atrás a los ancestros nórdicos que adoraban al dios Loki, cuyo hijo Fenrir es representado como un lobo. Ungimos el tatuaje con aceite, cancelamos la maldición que representaba, y proseguimos con el proceso de liberación tanto de la madre como de la hija.

Tanto los tatuajes como los pirsines están asociados con culturas paganas. La palabra tatuaje proviene de la palabra tahitiana tatu, y la práctica fue reintroducida en el mundo occidental hacia 1700 por marineros que habían visitado islas de la Polinesia. Digo "reintroducida" porque antes de que Europa fuese cristianizada, los tatuajes eran comunes, como lo son todavía en un sinnúmero de culturas no cristianas. En Europa occidental y Norteamérica los tatuajes se mantuvieron mayormente en la esfera de los marineros y los soldados durante los dos últimos siglos, hasta hace no mucho tiempo.

Durante la mayor parte de la historia de los tatuajes y otras prácticas para desfigurar el cuerpo, la gente creía que las marcas transmitían algún tipo de poder. Los tatuajes y escarificaciones (logradas por el roce de un pigmento en un corte o al irritar el corte para que deje una cicatriz notoria) identifican a las personas como miembros de grupos culturales particulares. Ellos facilitaron que sus portadores accedieran al mundo espiritual o sirvieron como talismán de fertilidad del rito de pasaje para hombres y mujeres jóvenes que entraban a la adultez. Se realizaban tatuajes especiales para fomentar la sanidad y para atraer poderes mágicos. En algunos casos, tales como las ceremonias de automutilación hindúes, el colgarse y tirar de la carne es parte de la devoción a los dioses paganos. Además, los tatuajes también fueron utilizados hasta los tiempos modernos para identificar a los presos y delincuentes; piense en los números tatuados por la fuerza en los antebrazos de los prisioneros en los campos de concentración nazis.

¿Realmente podemos relacionar estas prácticas con la moda actual de entintar un diseño en la piel o perforar casi cualquier parte del cuerpo que pueda ser perforada? Eximo de esto la perforación de la oreja con el propósito de usar pendientes. En miles de casos documentados de exorcismo, nunca hallé una maldición o una instancia de posesión demoníaca en relación con la perforación de los lóbulos de las orejas. Sin embargo, he afrontado un sinnúmero de casos de derechos legales satánicos de entrada reclamados por el metal insertado en lenguas, ombligos, labios, etc. Para ser franco, es difícil llamar bello a un pendiente circular que cuelga del tabique perforado de la nariz de una mujer.

Además, tenemos que ser razonables en cuanto al arte corporal o *body art* que puede cubrir marcas de nacimiento antiestéticas (siempre que el tatuaje no sea algo demoníaco, como un dragón) o tatuajes que ayudan a atenuar una marca de nacimiento. No veo nada en contra de los tatuajes que se utilizan como identificadores médicos o para mejorar la reconstrucción del pecho después de la cirugía. Además dejo abiertas al lector sus propias conclusiones acerca de los tatuajes que representan escrituras o temas bíblicos. Ciertamente no son un obstáculo espiritual en el mismo nivel que el tatuaje de una mujer voluptuosa o una serpiente. En mi opinión, sin embargo, cualquier desfiguración física que provee potencialmente una facilitación demoníaca constituye un riesgo demasiado grande.

Estas son varias razones por las que me opongo a ciertas formas de tatuaje ornamental o perforaciones corporales:

1. Consultar a un tatuador es equivalente a consultar a un médico brujo, dada la larga y colorida (perdón por el juego de palabras) historia del arte. Como el médico brujo, el tatuador marca el cuerpo con algún propósito que usualmente es antibíblico, tales como los tatuajes de seres demoníacos o símbolos del mundo no cristiano (pentáculos, pentagramas, imágenes eróticas, serpientes, dragones, mandalas budistas, dioses mitológicos, palabras obscenas, representaciones de relaciones con ataduras del alma, lemas satánicos tales como "Born to Be Wild": "Nacido para ser salvaje", o "Live to Die": "Vivir para morir", y así sucesivamente).

2. En algunos casos, el tatuaje es la corporización real del demonio. Como ya señalé, una de las criaturas más populares representadas en tatuajes es el dragón. No es solo porque los dragones son muy populares en las culturas orientales. Se debe a que, como dice la Biblia, el diablo es un "dragón" (vea Apocalipsis

129

20:2). Satanás quiere su símbolo en usted para marcarlo como su propiedad.

3. Las sociedades paganas creen que la *mana*, la fuerza espiritual del alma tal como se la define en las culturas insulares del Pacífico, se manifiesta, y luego mora, por medio de un tatuaje. Esta *mana* (similar a *chi* en las culturas orientales y *prana* en el hinduismo) representa la esencia primordial pagana de poder espiritual que se cree que fluye y anima a todos los seres vivos, la "fuerza vital" contraparte de la creencia cristiana en el *logos*, identificado como Cristo, el creador de toda vida. El tatuaje es una marca de reconocimiento de esta *mana*. Eso no quiere decir que un occidental está reconociendo esta filosofía meramente por hacerse un tatuaje, pero la persona tatuada no tiene manera de saber si sus antepasados pueden haber practicado esas religiones falsas. Al tener el tatuaje, puede haber un vínculo demoníaco con ese pasado maligno.

4. La simple inyección de tinta bajo la piel no tiene ningún poder espiritual en sí misma. Tampoco la tinta impresa del cartón de un tablero de Ouija. Es el sujeto en particular, el tema, el arte, el dicho, o la representación, lo que causa el daño. Los símbolos tienen el poder de tender un puente en la brecha entre el mundo físico y el metafísico, el mundo visible y el invisible. Identificarse con ciertos símbolos (un pentagrama, por ejemplo) representa un contacto lamentable con el mundo espiritual.

5. En términos prácticos, los tatuajes y las perforaciones corporales pueden dañar las perspectivas futuras de trabajo y relaciones. Algunas empresas no contratarán a una persona con un tatuaje o un pirsin evidentes. El proceso de la entrevista es demasiado tarde para convencerlos de lo contrario. ¿Y qué pasa si usted tiene el nombre de su actual novia o novio tatuado en el cuerpo, y luego cambiar a otra persona a su debido tiempo? (Por no hablar de la forma en que ese tatuaje que hoy es la última moda se verá algún día en una piel de 80 años de edad).

QUÉ HACER CON LAS MALDICIONES DE FUENTES IMPREVISTAS

Dios no nos ha dejado sin una solución para los daños de este tipo de maldiciones inusuales. Juan el Bautista, hablando del Salvador que vendría pronto, dijo: "El hacha ya está puesta a la raíz de los árboles, y todo árbol que no produzca buen fruto será cortado y arrojado al fuego" (Mateo 3:10). En otras palabras, a fin de preparar el camino para la salvación y el poder transformador de Dios, es necesario tomar un hacha espiritual para las raíces nocivas (maldiciones y demás) que han hecho que nuestras vidas den malos frutos.

Nosotros debemos confesar nuestra posición, no nuestra condición. Cuando estamos sometidos a uno de estos tipos de maldiciones, no debemos seguir reforzando la maldición repitiendo los detalles de nuestra condición, actuando según la suposición de que así es como deben ser las cosas. ("¡Ay de mí! Fui abandonado. Tuve un mal comienzo en la vida. Si las cosas hubieran sido diferentes, no estaría así. Nadie me ama ni me quiere ni se preocupa por mí"). Está bien reconocer una condición menos que perfecta, pero no es ahí donde queremos permanecer. Tenemos que confesar nuestra posición en Cristo y la libertad que

Rompa la maldición

Él brinda, hablar del deseo ferviente de un discípulo de aprender lo que eso significa experimentándolo de primera mano. Dios se encontrará con nosotros y nos mostrará qué hacer. Por último, tenemos que hacer los cambios de conducta necesarios para la plena libertad. Una cosa es identificar una maldición y renunciar a ella, incluso declarar palabras de renuncia sobre ciertas acciones y actitudes, pero otra cosa es alejarse y hacer verdaderos cambios de estilo de vida. Es necesario que cambiemos nuestro rumbo. Lo más probable es que la maldición haya podido establecerse en primer lugar porque tuvimos malos patrones de conducta. Entonces la maldición reforzó el comportamiento, y se arraigó más profundamente. Parte del poner el hacha a la raíz es deshacerse de la mala raíz, para que el fruto malo ya no tenga posibilidades. Si se producen cambios conductuales positivos la maldición no tiene un lugar donde establecerse. Si el entorno anterior cambia para bien, la antigua maldición ya no será aceptada.

Esto puede requerir buen consejo, sanidad interior y terapia piadosa. O puede ser suficiente tomar tiempo para la autoevaluación y la introspección. ¿Por qué fue tan eficaz esa maldición? ¿Qué se debe cambiar? ¿Qué se requiere hacer para que esos cambios ocurran, y cómo podemos asegurarnos de que los cambios permanezcan?

Ninguno de nosotros quiere quedarse atrapado en una maldición sin salida. Dios tampoco quiere que nos quedemos atascados. Él tiene un destino y un plan para cada vida, y cuanto más completamente libres seamos de las maldiciones antiguas, más pronto podremos seguir adelante con una vida de libertad y gozo.

Capítulo 8

ACTUAR CONTRA SATANÁS PARA ROMPER MALDICIONES

Algunas veces usted puede detener una maldición antes de que le caiga encima. Eso es lo que hice una vez después de un seminario, cuando una señora se acercó a mí. Estaba muy bien vestida y hablaba con voz suave. "Pastor Larson," dijo, "me gustaría orar con usted, y tengo algunas cosas que me gustaría compartirle".

"Bueno, eso es maravilloso", le contesté.

Extendió la mano y la puso en mi hombro y empezó a orar: "Señor Jesús, te doy gracias por este maravilloso hombre de Dios. Te agradezco por lo que significa para mí y por la bendición que él es en mi vida. Gracias, Jesús, por ungirlo para que me ayude de tantas maneras. Y Señor Jesús, te pido que por favor le muestres a este querido hombre de Dios el error de sus caminos, dónde se ha equivocado, la falsa enseñanza que está dando..."

La interrumpí. "Basta".

"¿Perdón?" Ella abrió mucho los ojos como reacción a mi respuesta, contundente e inesperada.

Lo dije otra vez: "¡Basta! Cállese".

"Bueno", balbuceó, "¡estoy orando por usted!".

"No, no está orando", le contesté. "Usted me está maldiciendo".

"¡¿Qué?!". La mujer retrocedió un par de pasos. Repetí: "Usted me está maldiciendo. Quiero que pare y se quede en silencio".

Ella se puso las manos en las caderas y me enfrentó: "Bueno, yo pensé que era un hombre de Dios, y solo quería bendecirlo y orar por usted".

Yo la contradije: "No. Usted está tratando de maldecirme. Está declarando el mal sobre mi vida y me acusa de herejía. No le doy el derecho a hacerlo. Deténgase, ya".

Ella levantó las manos como si quisiera ponerlas sobre mí otra vez. "Siempre pensé que usted era muy espiritual. Y el Señor me dio una palabra para usted. Estaba a punto de compartirla".

"No me importa. Cállese y salga de aquí". Sabía que sonaba grosero, pero parecía que era la única forma de conseguir que se fuera.

Se dio vuelta y comenzó a alejarse, llegó a mitad de camino por el pasillo, y se dio vuelta para decir la última palabra: "Muérete, predicador". Ahora sabía a ciencia cierta de donde venía esta mujer. Si usted le da un ratito a Jezabel, ella siempre se dará a conocer. Yo también sabía que, con demasiada frecuencia, la gente viene con palabras que suenan amorosas, y luego lentamente empiezan a ensañarse, cambiando sus palabras en otra cosa.

Yo había esquivado una bala de maldición. No era una mala manera de terminar un seminario sobre romper maldiciones.

Es necesario que todos tengamos mucho cuidado con quién habla a nuestras vidas. El mero hecho de que las personas afirmen ser profetas o comiencen a decir "Esto lo digo con amor", o "No quiero herirlo con lo que estoy a punto de decir", no significa que tengamos que recibir sus palabras pasivamente. Es mucho mejor arriesgarse a ofender a alguien que ser cargado con una maldición inesperada, aun cuando sea una de relativamente poca importancia.

DEMANDA CONTRA SATANÁS

Es de vital importancia para cada uno de nosotros permanecer firmes en nuestros derechos legales como personas que han sido redimidas por Jesucristo. Eso no solo nos ayudará a esquivar las maldiciones en el curso de nuestra vida cotidiana, sino que también puede ayudarnos a deshacernos de las maldiciones que podamos haber acarreado, cuando nos damos cuenta de ellas. A veces tales maldiciones han sido activadas recientemente, y otras veces han estado acechando en nuestra línea familiar durante generaciones.

Hace varios años, el Señor puso en mi mente la idea de presentar una demanda en contra del diablo, de responsabilizar legalmente al enemigo, en un sentido espiritual. Lo he perfeccionado con el tiempo, y lo tomo muy en serio. Cuando lo presento para que las personas lo usen, quiero que tengan el mismo sentido de determinación. Esta demanda es mejor "presentada" cuando es declarada en voz alta, preferentemente en compañía de otros cristianos, y firmada como se indica a continuación. Usted puede incluso optar por hacerlo con un grupo de oración o con toda una congregación.

ORDEN, QUERELLA Y JUICIO
CONTRA SATANÁS Y SU REINO

En el nombre de Jesucristo, yo,_____ conocido como el demandante, me acerco a la corte del cielo y declaro la siguiente querella en favor de mí mismo contra el enemigo de mi alma, ahora conocido como el acusado, Satanás. En el nombre de Cristo, nuestro Señor, aplico la sangre de Jesús sobre este caso y demando que el juicio propiamente dicho sea ejecutado inmediatamente por Cristo, que ha resuelto por completo esta querella por su sacrificio en la cruz. Como el demandante arriba mencionado tengo el derecho legal de hacer cumplir esta demanda por medio de la autoridad que Cristo me ha dado. Esta acción se llama ahora el Juicio de Dios y es considerada una reivindicación total y completa por todas las acciones demoníacas contra mí y es ejecutada por orden del Dios único y verdadero, también conocido como el Mesías, el Príncipe de la Paz, el Padre Eterno, el Gran Yo Soy, y todos los otros nombres por los que Él, el Dios viviente, es conocido.

Por este medio presento demanda por las siguientes denuncias:

Denuncia # 1:

Todas las acciones directas e indirectas contra el demandante para obstaculizar y afectar la salud o la calidad de vida del demandante con cualquier enfermedad crónica debilitante o mortal, dolencia, enfermedad, o mal que ha sido causado, asignado o conspirado contra dicho demandante, y por todas y cada una de las lesiones y traumas, ya sean físicos, mentales, espirituales, psicológicos o emocionales que se han dirigido hacia el demandante.

Denuncia # 2:

Todos los ataques directos e indirectos sobre todas y cada una de las relaciones del demandante, incluyendo la familia del demandante, sus seres queridos, y todos aquellos con los que el demandante tiene relaciones.

Denuncia # 3:

Todas las maldiciones directas e indirectas, los maleficios, aflicciones, agorerías, asignaciones satánicas, opresión demoníaca y rituales de brujería que pueden haber sido enviados, o que están siendo enviados, o serán enviados alguna vez al demandante, así como toda acción maliciosa, como el acoso, ya sea mental, físico, espiritual o emocional.

Todas las denuncias anteriores se presentan ante los tribunales del cielo y se demanda la restitución duplicada siete veces, junto con todos los bienes que el enemigo haya robado o haya provocado que directa o indirectamente sean dañados, heridos o atacados. Ahora presento esta demanda y esta querella en los tribunales superiores del cielo contra el enemigo, el acusado, aquel llamado Satanás, el príncipe de las tinieblas, la potestad del aire, Lucifer, el gran dragón, la serpiente antigua, el acusador de los hermanos, y todos los otros nombres y entidades conocidas o desconocidas que representan a este adversario, ya sea que él esté o haya estado representado en espíritu o en persona por medio de cualquier operador de la oscuridad; esta demanda incluye sus asignaciones por medio de ceremonias, ligaduras de alma, dedicaciones, maldiciones de sangre, juramentos con sangre, ceremonias satánicas, o pactos de sangre. También incluyo en esta demanda todas las maldiciones generacionales, todos los trabajos realizados por brujos y satanistas, incluyendo pero sin estar limitado a todos los nombres utilizados por todos estos representantes de la parte demandada, ya sean terrenales o demoníacos.

Resolución:

La evidencia y el juicio de dicha demanda y querella es inmediato, sin posibilidad de apelación. Esta decisión es declarada definitiva por el Juez de toda la humanidad, un Padre, un Dios en tres Personas, el Juez Eterno.

Sentencias:

1. Todos los bienes, propiedades, riquezas, dinero que ha sido robado y tomado del demandante, directa o indirectamente, ahora deben ser devueltos y restaurados por el acusado siete veces al valor real de los bienes originales tomados de la parte demandante nombrada anteriormente.

2. Toda la salud ha de ser devuelta al demandante y todos los ataques actuales contra

la salud del demandante ahora son rotos,
cortados, y quitados por la sangre de Jesucristo.
La restitución de la salud ha de ser siete veces
la condición original antes de que ocurrieran
tales ataques.

3. Todos aquellos que por su relación se han visto
afectados negativamente por y para con el demandante, incluyendo la familia del demandante, sus seres queridos y todos los asociados
con el demandante, ahora tienen que ser liberados de toda opresión, enfermedad, dolencia,
males y tormentos. Todas las relaciones han de
ser restauradas a siete veces su valor original.

4. Todas las maldiciones, palabras dañinas, asignaciones, ataques, insultos, maleficios, aflicciones, agorerías, o toda palabra impía
pronunciada, directa o indirectamente por
el enemigo contra el demandante, ahora son
anulados. Si alguna de estas partes o entidades,
conocidas o desconocidas, no cancelan estas
maldiciones proferidas, todas estas entidades
malignas serán responsables y susceptibles del
juicio dictado por el Juez eterno.

Por orden de la Corte del Cielo:

La sentencia a favor del demandante, _____,
es ordenada en el nombre de Cristo Jesús el Señor y por la
sangre del Cordero.

Yo, _____, el demandante he puesto mi mano
para afirmar lo mismo, el día de _____, del año
de nuestro Señor, 2 _____.

Firma del demandante

_____

Yo/nosotros _____ estoy/estamos de acuerdo (vea Mateo 18:19) con esta querella y he/hemos puesto mi/nuestras mano(s) como testigo(s) en este día ___ de _____, del año de Nuestro Señor, 2 ___.

Lo que antecede es ratificado en el santísimo nombre de Jesucristo el Señor, a quien pertenecen todo el honor, la gloria y la alabanza. Amén y Amén para siempre.

Esta demanda contra el diablo puede ser revisada en su totalidad o en parte, de vez en cuando para que pueda recordar que usted le pertenece a Jesucristo y lo que eso significa en cuanto a su libertad del reino opositor de las tinieblas.

DIEZ PASOS PARA ROMPER MALDICIONES

Hasta que leen el precedente documento de sonido legal, la mayoría de las personas no saben que pueden presentar una demanda contra el diablo y ganarla. Debido al sacrificio de Jesús en la cruz, el poder de su adversario se ha hecho añicos. Es solo una cuestión de tiempo antes de que el propio Lucifer sea condenado a destierro e impotencia eternos.

Mientras tanto, tenemos que posicionarnos nosotros mismos. Necesitamos no solo anunciar nuestros derechos legales, sino también renunciar a todo lo relacionado con el reino de las tinieblas. Veamos ahora una rápida revisión de lo que hemos aprendido en este libro, en forma de los diez pasos que podemos dar para limpiar nuestras vidas de las maldiciones y de sus consecuencias:

1. *Confesar a Jesucristo.* Las maldiciones solamente se pueden romper por el poder de Jesús. Ninguna maldición puede ser quitada completa y totalmente de su vida a menos que usted conozca a Jesucristo como su Señor y Salvador personal.

Las maldiciones se pueden aliviar parcialmente con un

cambio de conducta. Conozca o no una persona a Cristo, las maldiciones pueden eliminarse hasta cierto punto por un repudio fundamental del mal. Este es un hecho positivo, por supuesto. Pero la ruptura de la maldición nunca se puede finalizar hasta que la persona confiesa a Jesucristo como Señor.

En ocasiones, cuando estoy trabajando con personas que no son cristianas, llevo el proceso de romper la maldición, de liberación y sanidad en la medida de lo posible, y luego digo algo como: "Bueno, he llegado tan lejos como puedo. Ahora usted personalmente tiene que poner su confianza en Cristo". La mayoría de las veces lo hacen y podemos terminar lo que empezamos.

2. **Renunciar al diablo.** Satanás y todo lo que él representa deben ser repudiados directamente. Nunca es suficiente descansar en el supuesto de que alguien que acaba de aceptar el señorío de Jesús ya no quiere tener nada que ver con el diablo. La gente tiene que decirlo en voz alta.

Para avanzar, la gente no solo debe tomarse de la mano de Jesús, sino que debe soltarse de la mano del diablo, quien lo tira hacia atrás. Un sí a Jesús debe estar seguido por un no al diablo. A lo largo de la historia de la Iglesia, en bautismos, confirmaciones y profesiones confesionales de fe, se ha incluido siempre un repudio al diablo.

3. **Renunciar a los votos.** Renunciar a todos los votos (citando tantos detalles como sea necesario y factible) es parte de la ruptura básica de la maldición. Yo defino un voto como una solemne promesa por la cual una persona se ata para actuar de una determinada manera. Nuevamente, es bueno que esto se haga en voz alta, aunque nadie en particular esté escuchando. Es más significativo y deliberado hecho de esa manera. Siempre trate de tener otros cristianos presentes como testigos para cumplir con el principio que ya hemos mencionado en este libro (vea Mateo 18:19).

4. **Renunciar a los juramentos.** ¿En qué difieren los juramentos de los votos? Mi definición de juramento es: "una

solemne confirmación de las consecuencias de guardar o romper un voto". Cuando un hombre promete mantener los secretos de la membresía de una logia masónica, como se señaló anteriormente, añade este juramento:

> ...me comprometo a una pena no menor a que se desgarre el lado izquierdo de mi pecho y se quiten de allí mi corazón y órganos y de allí sean arrojados sobre el hombro izquierdo y llevados al valle de Josafat, para ser allí presa de las bestias del campo, y del buitre del aire, si alguna vez se comprobara la culpabilidad intencional de violar cualquier parte de este mi solemne juramento u obligación de Masón Compañero de Oficio; que Dios me ayude...

El voto masónico jura lealtad al grupo. Las palabras del juramento representan la ejecución obligatoria del voto. Este libro ha mencionado una variedad de juramentos que traen maldiciones. Tenemos que asegurarnos de incluir tantos como podamos catalogar.

5. *Renunciar a los rituales.* Los votos y juramentos suelen hacerse en el contexto de rituales, los cuales pueden ser definidos como un formato prescrito de palabras y acciones que rigen un acto de adoración u obediencia espiritual. Es necesario renunciar también a los rituales, junto con la intención que hay detrás de las palabras y acciones. Los rituales implican una cierta secuencia de movimientos y un conjunto de procedimientos, a veces con canto, abracadabra, encantamiento, u otra confirmación verbal. Cuando una maldición ha surgido de la participación en un ritual (aun cuando ese ritual fuera realizado en el pasado por un ancestro lejano), se debe renunciar al ritual en sí, que fue el punto de partida de la maldición.

6. *Renunciar a las ceremonias.* Los rituales se realizan en el contexto de ceremonias; son rutinas específicas dentro

de un procedimiento formal mayor. Los rituales refuerzan la ceremonia. Por ejemplo, la ceremonia de un pacto de sangre puede implicar ciertos rituales tales como beber sangre, profanar una cruz o una Biblia, o conjurar a deidades específicas. Esto entrelaza la ceremonia en la estructura causante de la maldición, y para sacar completamente la maldición, la ceremonia entera debe ser repudiada.

7. *Renunciar a pactos de sangre.* Los pactos de sangre son raros en el mundo actual. Pero en el mundo de los antiguos estaban muy generalizados. Sabemos que eran comunes en África, y vemos abundante evidencia de ellos en el Antiguo Testamento en los grupos de pueblos paganos politeístas.

Los pactos de sangre son juramentos sellados con sangre, a veces sangre animal, a veces humana. Muy frecuentemente requieren la muerte del animal o la persona (a menudo un niño), lo cual es mucho más grave que el derramamiento de sangre común.

Al romper las maldiciones de hoy, con frecuencia tenemos que romper las maldiciones antiguas que derivan de pactos de sangre. Es importante saber si un pacto implicó sangre animal, sangre humana, o ambas. Las maldiciones más fuertes, más ejecutables, son resultado de sacrificios de sangre humana.

8. *Renunciar a la brujería y la hechicería.* La brujería y la hechicería forjan alianzas con espíritus malignos, que son invocados mediante la adivinación para aumentar el poder y el dominio. Para romper todas las maldiciones, una persona debe renunciar a cualquier conexión con la brujería y la hechicería, incluyendo conexiones familiares lejanas.

Debemos recordar además las palabras dichas al rey Saúl después que desobedeció la clara orden de Dios: "La rebeldía es tan grave como la adivinación, y la arrogancia, como el pecado de la idolatría. Y como tú has rechazado la palabra del Señor, él te ha rechazado como rey" (1 Samuel 15:23). La completa ruptura de una maldición incluye una renuncia a la rebelión contra los mandamientos de Dios.

9. Renunciar a los falsos dioses. Junto con la renuncia al modo de acercarse para obtener mayor poder por acceso espiritual, debemos renunciar a los falsos dioses mismos. Debemos rechazar toda obligación con todo demonio de falsa adoración. A veces será necesario, cuando es posible, mencionar deidades demoníacas específicas por su nombre. Aunque nosotros no hayamos adorado a dioses falsos, nuestros ancestros pudieron haber hecho sacrificios o haberse dedicado a poderes malignos invisibles. La posesión demoníaca a menudo ocurre por el espíritu maligno que toma el nombre y la función de alguna antigua divinidad, como Isis u Horus, Astoret o Moloc. Por medio de un tributo, nuestros ancestros pueden haber forjado con esos dioses fuertes relaciones de ligaduras de alma que siguen sin romperse hasta nuestros días. Al romper ese compromiso ahora, se quita el derecho legal reclamado por el demonio que lleva el nombre de un falso dios en particular.

10. Renunciar a las falsas religiones. Para terminar, debemos renunciar y denunciar todo culto o sistema religioso en el que nosotros mismos o nuestra línea ancestral se haya visto enredado. Debemos repudiar cualquier sistema religioso que se oponga a Cristo (incluyendo algunos que mencionan su nombre, aunque no representan su verdad), y debemos reafirmar nuestra lealtad al Señor Jesucristo mismo.

Estos diez pasos reflejan los dos elementos básicos necesarios para romper cualquier maldición: Decirlo y Creerlo. Al igual que con la salvación, debemos confesar lo que creemos, y realmente creer lo que confesamos.

Recuerde las palabras de Romanos 10:9-10:

> *Si confiesas con tu boca que Jesús es el Señor, y crees en tu corazón que Dios lo levantó de entre los muertos, serás salvo. Porque con el corazón se cree para ser justificado, pero con la boca se confiesa para ser salvo.*

Todo el que entra en el Reino de Dios lo hace por medio de una confesión de fe: diciendo lo que cree. Usted anuncia su nueva intención de obedecer a Dios y acepta a Jesucristo como su Salvador, renuncia a sus pecados y a sus intenciones anteriores, y confirma las palabras de su declaración en su corazón. Anunciar, renunciar, ratificar. Dígalo y créalo. El mismo principio que es válido para la salvación es aplicable para separarse del reino de las tinieblas.

Algunas personas harán esto instintivamente, pero la mayoría de nosotros necesitamos ser enseñados. No es suficientemente bueno actuar dócilmente en apariencia mientras la rebeldía permanece en el corazón. Los demonios a veces me han provocado con afirmaciones tales como: "Sí, él está diciendo las palabras, pero no lo cree". Tales palabras pueden ser solo un embaucamiento demoníaco, pero no siempre. Los demonios saben cuando una persona solo sigue la corriente, y trata de cumplir el proceso. Si la gente en realidad no quiere decir lo que declara, nada cambiará.

Tanto la salvación como el romper maldiciones ocurren en dos niveles. En primer lugar está el nivel natural de articular ciertas palabras. En segundo lugar, y más importante aun, está la dimensión espiritual: lo que está dentro del corazón de la persona. Lo que una persona cree en el corazón hace toda la diferencia.

Victoria progresiva

La completa ruptura de la maldición está a nuestro alcance, pero esto no sucede en una sola sesión. En su misericordia, Dios sabe que solo podemos cambiar hasta cierto punto por vez y que la plena libertad viene gradualmente. A medida que nos despojamos de una maldición y de los demonios que la acompañan, seguimos adelante con nuevas conductas y expectativas. Él puede darnos una mejor perspectiva desde la cual ver patrones adicionales que necesitan atención. Es una victoria progresiva.

Yo estaba trabajando con un hombre, y después de más de dos docenas de sesiones, aun no habíamos quitado toda la maleza de las maldiciones. Él estaba cooperando totalmente, pero cada sesión lo dejaba tan exhausto que teníamos que suspenderla hasta otro momento. Su progreso era muy evidente, pero también lo eran las maldiciones que estábamos demoliendo.

Esta es una muestra de lo que hicimos juntos: Comenzamos en nuestra primera sesión tratando con un espíritu de Brujería, una maldición de Jezabel de siete generaciones, de Incesto, de Pobreza y de Enfermedad. Luego, en la segunda sesión, nos topamos con el espíritu de Muerte, otro espíritu de Brujería, y deidades malignas asociadas con diversos sistemas religiosos históricos falsos, incluyendo los de la antigua Babilonia, Asiria y Egipto, por nombrar algunos. Tenía que renunciar a todas las maldiciones unidas a cada uno de estos reinos malignos.

En nuestra tercera sesión, nos concentramos en los espíritus de Aislamiento y Control Mental, y rompimos más maldiciones en el camino. Las sesiones posteriores nos llevaron a eliminar la influencia de varios otros antiguos dioses babilónicos, deidades egipcias y espíritus de los Illuminati. También tratamos con espíritus anti Cristo muy antagónicos de Engaño y Muerte que se remontaban a treinta y cuatro generaciones de ancestros irlandeses. Confrontamos a dioses paganos escandinavos llamados Thor y Odin. Revertimos y deshicimos rituales y juramentos. Rompimos ataduras con dioses y diosas, algunos de los cuales ni siquiera había oído jamás. Nunca sabíamos lo que vendría después.

Trabajando hacia atrás y hacia adelante cronológicamente según se daban las cosas, despojamos los reinos de las tinieblas y liberamos a este hombre de espíritu de Locura, Fracaso, Esclavitud, Temor y Tormento. Estoy dando solo un breve resumen de esta saga espiritual que duró muchos meses. El hombre no obstaculizaba de ninguna manera nuestras oraciones o esfuerzos. Es solo que su línea familiar había sido tan devastada por el mal que se requirió mucho tiempo y muchas horas de romper maldiciones para obrar metódicamente y erradicar toda evidencia de las obras de las tinieblas.

Es importante tener en mente esta experiencia cuando usted, asistido por Dios, dé una mirada a los patrones de su propia vida. Aunque romper maldiciones es esencialmente un hecho una vez que usted entiende los conceptos básicos, casi nunca es tan simple como "fuera, en el nombre de Jesús". Cada uno de nosotros debe estar comprometido con una propuesta sistemática y metódica, mientras seguimos trabajando sobre los problemas que salen a la superficie. Lleva su tiempo. Su vida, mientras tanto, mejora con cada victoria, y Dios puede usarlo poderosamente incluso mientras usted sigue siendo un "trabajo en progreso".

Mientras Dios le da la gracia y la oportunidad, y le brinda mayor revelación acerca de su situación, Él lo llevará a otro nivel de libertad. Aunque ya haya pasado por las oraciones y renuncias básicas de la ruptura de maldiciones, tal como lo encontrará en la sección final de este libro, nunca está de más volver a hacerlo. Usted nunca sabe cuándo puede enganchar algo que se le escapó antes.

Cuanto más aprenda sobre maldiciones y cuanto más las rompa en su propia vida, más verá una diferencia. Muchas personas no saben lo buena que puede ser la vida sin la basura, porque siempre han tenido la basura. Han vivido con la basura, aceptaron la basura, se hicieron amigos de la basura. No saben cómo deshacerse de ella. Para sobrevivir, se hicieron amigos de sus maldiciones.

Todos lo hemos hecho. Hemos asimilado nuestras maldiciones, y nos hemos acomodado a ellas. Hemos aprendido a vivir con ellas. Nos decimos: "Es así. Así es como era papá. Así es como era el abuelo. Así es como era el bisabuelo también. Así es como soy. Todos en la familia hasta donde yo sé siempre han tenido este problema con el enojo, y yo también.

Todos los hombres en la familia siempre han tenido este problema de lujuria, y creo que yo también lo tengo". Pero no es verdad que usted tenga que seguir los mismos pasos. Usted tiene derecho como hijo de Dios a terminar la maldición en esta generación. Puede patear al diablo en los dientes y ser libre, ¡en el nombre de Jesús! Romper las maldiciones es fácil. Todo lo que tiene que hacer es romperlas. Solamente dígalo. Declárelo hecho. Rómpala de la manera que usted lo entendió. Tiene que caminar en la Palabra. Tiene que caminar en las cosas del Señor. Usted tiene que seguir siendo fiel y reclamar las promesas de Dios y estar firme por la fe. Pero la verdadera ruptura de la maldición es una simple declaración. Usted simplemente lo dice. Realmente es así de fácil.

Cuando las personas declaran rota una maldición, no siempre sienten algo de inmediato. Al igual que cuando usted fue salvo, puede no haber sentido nada inmediatamente después de romper una maldición. Usted necesita afirmarse en la Palabra; confesar con su boca y creer en su corazón (vea Romanos 10:9).

Cuando lea las oraciones y renuncias a las maldiciones al final de este libro, relájese y deje que pase lo que pase. Si siente que algo empieza a burbujear en el interior, déjelo burbujear. Si siente algo a punto de liberarse, déjelo liberarse. Si siente algo a punto de reaccionar, solo déjelo reaccionar, y Dios tratará con eso. Usted está poniendo bajo aviso al diablo. Por leer este libro sobre romper maldiciones, usted lo ha estado enojando y molestando. Cualquier demonio que haya estado al acecho en su vida comienza a sentirse miserable cuando está a punto de ser vencido por el poder de Dios.

Persista, confiado en el poder que Dios provee. Con la ayuda de Él, usted puede cambiar su vida. El propio Dios quiere convertir todas sus maldiciones en bendiciones (vea Deuteronomio 23:5), ¡porque lo ama a usted!

RECURSOS PRÁCTICOS PARA ROMPER MALDICIONES

Cinco hechos acerca de las maldiciones

Hecho: Las maldiciones son transferibles

No se pueden "pillar" como un virus, pero pueden ser adquiridas involuntariamente a través de traumas y malos deseos dirigidos hacia alguien. Pueden ser implícitas o explícitas (no intencionales o intencionales). Las maldiciones son transgeneracionales. Pueden heredarse cronológicamente de una generación a otra. Esto ocurre aun cuando no se manifiesten en una generación en particular. También son intrageneracionales lo que significa que se pueden adquirir de una persona de la familia extendida actual, o por relaciones de ataduras de alma.

Hecho: Las maldiciones tienen continuidad

La continuada transferencia de una maldición por herencia solo puede ser detenida por la acción decisiva, dirigida por Cristo, por parte de alguien de la generación actual. En otras palabras, las maldiciones se invocan a perpetuidad hasta que se las rompe. "Una maldición no está rota hasta que se la rompe". No tema. Una vez que están rotas, es el final de la maldición, pero los patrones de conducta negativos causados por la maldición deben ser corregidos mediante la modificación de las propias acciones.

HECHO: LAS MALDICIONES SON ADAPTABLES

Una de las razones de que las maldiciones tengan tanta longevidad es que son adaptables. A veces llegan a saltearse una generación entera, frecuentemente porque esta es piadosa. Dada una oportunidad (por conducta pecaminosa), pueden volver a la vida después de mantenerse inactivas durante un largo tiempo. Es por eso que todo el mundo debería experimentar un cierto grado de ruptura de maldiciones, sin importar lo buenas o piadosas que puedan haber sido las vidas de sus antepasados recientes.

HECHO: LAS MALDICIONES SON ESPECÍFICAS

Las maldiciones están asociadas a condiciones muy específicas, y a veces no pueden ser completamente rotas sin deshacer cada anexo. Para descubrir detalles específicos de una maldición, pregunte quién, cómo, qué, cuándo, dónde y por qué:

- *¿Quién?* ¿Quién creó la maldición? ¿Era un antepasado o una persona no relacionada?

- *¿Cómo?* ¿Cómo se creó la maldición? ¿Fue a partir de una causa ceremonial (ritual) o una genética (ancestral)? ¿Fue por linaje o por decreto (un acto imperativo, declarativo de la voluntad)?

- *¿Qué?* ¿Cuál es la naturaleza de la maldición? (por ejemplo, muerte, problemas sexuales, pobreza, mala salud)

- *¿Cuándo?* ¿Cuando se invocó la maldición? ¿Fue invocada recientemente por una persona que todavía está viva o por alguien ya fallecido? ¿Esta persona conoce a la víctima, o su identidad se pierde en el pasado lejano?

- *¿Dónde?* ¿Cuál es la ubicación geográfica de la maldición original? Conocer las raíces geográficas de una maldición da pistas sobre su naturaleza.

- *¿Por qué?* ¿Qué daño se pretendía mediante esta maldición? (por ejemplo, pasar un don psíquico, victimizar sexualmente, crear una obsesión de muerte)

HECHO: "LA MALDICIÓN NO VIENE SIN CAUSA"

El diablo solo puede activar maldiciones basadas en causas verdaderas, y las maldiciones no pueden caer sobre las personas solamente porque sus enemigos las odien.

"Como el gorrión sin rumbo o la golondrina sin nido, la maldición sin motivo jamás llega a su destino" (Proverbios 26:2). "La maldición inmerecida no llegará a quien iba dirigida" (Proverbios 26:2 NTV). Después de pasar por los procedimientos de ruptura de la maldición de este libro, es importante vivir una vida cristiana coherente de adoración, estudio, compañerismo y rendición de cuentas para no proporcionar ninguna "causa" para que una maldición sea eficaz.

ESCRITURAS SOBRE MALDICIONES

DEL ANTIGUO TESTAMENTO

*Dios el Señor dijo entonces a la serpiente: "Por causa de lo que has hecho, ¡**maldita** serás entre todos los animales, tanto domésticos como salvajes! Te arrastrarás sobre tu vientre, y comerás polvo todos los días de tu vida". Al hombre le dijo: "Por cuanto le hiciste caso a tu mujer, y comiste del árbol del que te prohibí comer, ¡**maldita** será la tierra por tu culpa! todos los días de tu vida".*

—GÉNESIS 3:14, 17

*Cuando Noé despertó de su borrachera y se enteró de lo que su hijo menor le había hecho, declaró: "¡**Maldito** sea Canaán! el más bajo de sus esclavos".*

—GÉNESIS 9:24-25

*Si mi padre me toca, se dará cuenta de que quiero engañarlo, y esto hará que me **maldiga** en vez de bendecirme. Hijo mío, ¡que esa **maldición** caiga sobre mí! le contestó su madre. Tan sólo haz lo que te pido, y ve a buscarme esos cabritos.*

—GÉNESIS 27:12-13

Isaac le dijo: Acércate, hijo mío, para que pueda tocarte y saber si de veras eres o no mi hijo Esaú Que te sirvan los pueblos; que ante ti se inclinen las naciones. Que seas señor de tus hermanos; que ante ti se inclinen los hijos de tu madre. **Maldito** *sea el que te* **maldiga***, y bendito el que te bendiga.*

—GÉNESIS 27:21, 29

No te inclines delante de ellos ni los adores. Yo, el Señor tu Dios, soy un Dios celoso. Cuando los padres son malvados y me odian, yo **castigo** *a sus hijos hasta la tercera y cuarta generación.*

—ÉXODO 20:5

Pasando delante de él, proclamó: El Señor, el Señor, Dios clemente y compasivo, lento para la ira y grande en amor y fidelidad, que mantiene su amor hasta mil generaciones después, y que perdona la iniquidad, la rebelión y el pecado; pero que no deja sin **castigo** *al culpable, sino que* **castiga** *la maldad de los padres en los hijos y en los nietos, hasta la tercera y la cuarta generación.*

—ÉXODO 34:6, 7

Entonces el sacerdote pondrá a la mujer bajo juramento, y le dirá: Si estando bajo la potestad de tu esposo no te has acostado con otro hombre, ni te has desviado hacia la impureza, estas aguas amargas de la **maldición** *no te dañarán. Pero si estando bajo la potestad de tu esposo te has desviado, mancillándote y acostándote con otro hombre aquí el sacerdote pondrá a la mujer bajo el juramento del voto de* **maldición***, que el Señor haga recaer sobre ti la* **maldición** *y el juramento en medio de tu pueblo, que te haga estéril, y que el vientre se te hinche. Cuando estas aguas de la* **maldición** *entren en tu cuerpo, que te hinchen el vientre y te hagan estéril.*

Rompa la maldición

*Y la mujer responderá: "¡Amén! ¡Que así sea!" El sacerdote escribirá estas **maldiciones** en un documento, que lavará con las aguas amargas. Después hará que la mujer se beba las aguas amargas de la **maldición**, que entrarán en ella para causarle amargura. Cuando ella se haya bebido las aguas de la **maldición**, y éstas entren en ella para causarle amargura, si le fue infiel a su esposo y se mancilló, se le hinchará el vientre y quedará estéril. Así esa mujer caerá bajo **maldición** en medio de su pueblo. Pero si no se mancilló, sino que se mantuvo pura, entonces no sufrirá daño alguno y será fértil.*

—NÚMEROS 5:19-24, 27-28

*Cuando Balac hijo de Zipor se dio cuenta de todo lo que Israel había hecho con los amorreos, los moabitas sintieron mucho miedo de los israelitas. Estaban verdaderamente aterrorizados de ellos, porque eran un ejército muy numeroso. Entonces dijeron los moabitas a los ancianos de Madián: "¡Esta muchedumbre barrerá con todo lo que hay a nuestro alrededor, como cuando el ganado barre con la hierba del campo!". En aquel tiempo, Balac hijo de Zipor era rey de Moab, así que mandó llamar a Balán hijo de Beor, quien vivía en Petor, a orillas del río Éufrates, en la tierra de los amavitas. Balac mandó a decirle: "Hay un pueblo que salió de Egipto, y que ahora cubre toda la tierra y ha venido a asentarse cerca de mí. Te ruego que vengas y **maldigas** por mí a este pueblo, porque es más poderoso que yo. Tal vez así pueda yo vencerlos y echarlos fuera del país. Yo sé que a quien tú bendices, queda bendito, y a quien tú **maldices**, queda **maldito**".*

*Pero Dios le dijo a Balán: No irás con ellos, ni pronunciarás ninguna **maldición** sobre los israelitas, porque son un pueblo bendito.*

*Y Balán pronunció su oráculo: "De Aram, de las montañas de Oriente, me trajo Balac, el rey de Moab. Ven me dijo, **maldice** por mí a Jacob; ven, deséale el mal a Israel. ¿Pero cómo podré echar **maldiciones** sobre quien Dios no ha maldecido? ¿Cómo podré desearle el mal a quien el Señor no se lo desea?*

*Entonces Balac le reclamó a Balán: ¿Qué me has hecho? Te traje para que lanzaras una **maldición** sobre mis enemigos, ¡y resulta que no has hecho más que bendecirlos! Pero Balán le respondió: ¿Acaso no debo decir lo que el Señor me pide que diga?*

*Entonces la ira de Balac se encendió contra Balán, y chasqueando los dedos le dijo: Te mandé llamar para que echaras una **maldición** sobre mis enemigos, ¡y estas tres veces no has hecho sino bendecirlos!*

—NÚMEROS 22:2-6, 12; 23:7-8, 11-12; 24:10

*No metas en tu casa nada que sea abominable. Todo eso debe ser **destruido**. Recházalo y detéstalo por completo, para que no seas **destruido** tú también.*

—DEUTERONOMIO 7:26

[Tres maldiciones:] *No podrá entrar en la asamblea del Señor ningún hombre que tenga magullados los testículos o mutilado el pene.*

No podrá entrar en la asamblea del Señor quien haya nacido de una unión ilegítima; tampoco podrá hacerlo ninguno de sus descendientes, hasta la décima generación.

No podrán entrar en la asamblea del Señor los amonitas ni los moabitas, ni ninguno de sus descendientes, hasta la décima generación. Porque no te ofrecieron pan y agua cuando cruzaste por su territorio, después de haber salido de Egipto. Además, *emplearon a Balán hijo de Beor, originario de Petor en Aram Najarayin, para que te **maldijera**.*

—DEUTERONOMIO 23:1-4

*Absteneos escrupulosamente de no tocar nada consagrado al **exterminio**, no sea que hagáis **maldito** y **perturbéis** al campamento de Israel.*

—JOSUÉ 6:18, BTX

*Pero los hijos de Israel fueron infieles en cuanto a lo del **anatema**, porque Acán ben Carmi, hijo de Zabdi, hijo de Zera, de la tribu de Judá, se apropió del **anatema**, por lo cual la ira de YHVH se encendió contra los hijos de Israel.*

—JOSUÉ 7:1, BTX

*¿No cometió Acán hijo de Zera prevaricación en el **anatema**, y vino ira sobre toda la congregación de Israel? Y aquel hombre no pereció solo en su iniquidad.*

—JOSUÉ 22:20, RV60

*le dijo [Goliat]: ¿Soy acaso un perro para que vengas a atacarme con palos? Y **maldiciendo** a David en nombre de sus dioses...*

—1 SAMUEL 17:43

*Aquel día se leyó ante el pueblo el libro de Moisés, y allí se encontró escrito que los amonitas y moabitas no debían jamás formar parte del pueblo de Dios, porque no sólo no les habían dado de comer ni de beber a los israelitas sino que habían contratado a Balán para que los **maldijera**, aunque en realidad nuestro Dios cambió la **maldición** por bendición.*

—NEHEMÍAS 13:1-2

*Tú reprendes a los insolentes; ¡**malditos** los que se apartan de tus mandamientos!*

—SALMO 119:21

*No envidies a los violentos, ni optes por andar en sus caminos. Porque el Señor aborrece al perverso, pero al íntegro le brinda su amistad. La **maldición** del Señor cae sobre la casa del malvado; su bendición, sobre el hogar de los justos.*
—PROVERBIOS 3:31-33

*Como el gorrión sin rumbo o la golondrina sin nido, la **maldición** sin motivo jamás llega a su destino.*
—PROVERBIOS 26:2

*Hay todavía alguien en casa del impío con tesoros de impiedad y medida escasa que es **maldita**?*
—MIQUEAS 6:10, LBLA

Alcé otra vez la vista, ¡y vi ante mí un rollo que volaba!

El ángel me preguntó: "¿Qué es lo que ves?" Y yo respondí: "Veo un rollo que vuela, de diez metros de largo por cinco de ancho".

*Entonces el ángel me dijo: "Ésta es la **maldición** que caerá sobre todo el país. Según lo escrito en el rollo, alcanzará tanto al ladrón como al perjuro.*

*Así que he desencadenado esta **maldición** para que entre en la casa del ladrón y en la del que jura en falso por mi nombre. Se alojará dentro de su casa y la destruirá, junto con sus vigas y sus piedras, afirma el Señor Todopoderoso".*

Entonces el ángel que hablaba conmigo salió y me dijo: "Alza la vista y fíjate en esto que ha aparecido".
—ZACARÍAS 5:1-5

*Si no me hacen caso ni se deciden a honrar mi nombre dice el Señor Todopoderoso, les enviaré una **maldición**, y **maldeciré** sus bendiciones. Ya las he **maldecido**, porque ustedes no se han decidido a honrarme.*
—MALAQUÍAS 2:2

159

*¿Acaso roba el hombre a Dios? ¡Ustedes me están robando! Y todavía preguntan: ¿En qué te robamos? En los diezmos y en las ofrendas. Ustedes la nación entera están bajo gran **maldición**, pues es a mí a quien están robando.*

—MALAQUÍAS 3:8-9

DEL NUEVO TESTAMENTO

El que es bueno, de la bondad que atesora en el corazón saca el bien, pero el que es malo, de su maldad saca el mal.

—MATEO 12:35

Al día siguiente, cuando salían de Betania, Jesús tuvo hambre.

Viendo a lo lejos una higuera que tenía hojas, fue a ver si hallaba algún fruto. Cuando llegó a ella sólo encontró hojas, porque no era tiempo de higos.

"¡Nadie vuelva jamás a comer fruto de ti!", le dijo a la higuera. Y lo oyeron sus discípulos.

Por la mañana, al pasar junto a la higuera, vieron que se había secado de raíz.

—MARCOS 11:12-14, 20

Cuando el Hijo del hombre venga en su gloria, con todos sus ángeles, se sentará en su trono glorioso. Todas las naciones se reunirán delante de él, y él separará a unos de otros, como separa el pastor las ovejas de las cabras. Pondrá las ovejas a su derecha, y las cabras a su izquierda. Entonces dirá el Rey a los que estén a su derecha: "Vengan ustedes, a quienes mi Padre ha bendecido; reciban su herencia, el reino preparado para ustedes desde la creación del mundo".

*Luego dirá a los que estén a su izquierda: "Apártense de mí, **malditos**, al fuego eterno preparado para el diablo y sus ángeles. Porque tuve hambre,* *y ustedes no me dieron nada de comer; tuve sed, y no me dieron nada de beber; fui forastero, y no me dieron alojamiento; necesité ropa, y no me vistieron; estuve enfermo y en la cárcel, y no me atendieron".*

—MATEO 25:31-34, 41-43

*Y comenzó a echarse **maldiciones**, y les juró: —¡A ese hombre ni lo conozco! En ese instante cantó un gallo.*

—MATEO 26:74, VEA TAMBIÉN MARCOS 14:71

Por ejemplo, Moisés dijo: "Honra a tu padre y a tu madre", y: "El que maldiga a su padre o a su madre, debe morir".

—MARK 7:10

*Pero a ustedes que me escuchan les digo: Amen a sus enemigos, hagan bien a quienes los odian, bendigan a quienes los **maldicen**, oren por quienes los maltratan.*

—LUCAS 6:27-28

Los guardias del templo volvieron a los jefes de los sacerdotes y a los fariseos, quienes los interrogaron:
—¿Se puede saber por qué no lo han traído?
—¡Nunca nadie ha hablado como ese hombre! —declararon los guardias.
*—¿Así que también ustedes se han dejado engañar? —replicaron los fariseos—. ¿Acaso ha creído en él alguno de los gobernantes o de los fariseos? ¡No! Pero esta gente, que no sabe nada de la ley, está bajo **maldición**.*

—JUAN 7:45-49

A la noche siguiente el Señor se apareció a Pablo, y le dijo: "¡Ánimo! Así como has dado testimonio de mí en Jerusalén, es necesario que lo des también en Roma".

Muy de mañana los judíos tramaron una

*conspiración y juraron bajo maldición no comer ni
beber hasta que lograran matar a Pablo.*
—Hechos 23:11-13

*Me invade una gran tristeza y me embarga un con-
tinuo dolor. Desearía yo mismo ser **maldecido** y separado de Cristo por el bien de mis hermanos, los
de mi propia raza, el pueblo de Israel. De ellos son
la adopción como hijos, la gloria divina, los pactos,
la ley, y el privilegio de adorar a Dios y contar con
sus promesas.*
—Romanos 9:2-4

*Hasta el momento pasamos hambre, tenemos sed,
nos falta ropa, se nos maltrata, no tenemos dónde
vivir. Con estas manos nos matamos trabajando. Si
nos **maldicen**, bendecimos; si nos persiguen, lo so-
portamos; si nos calumnian, los tratamos con gen-
tileza. Se nos considera la escoria de la tierra, la
basura del mundo, y así hasta el día de hoy.*
—1 Corintios 4:11-13

*Si alguno no ama al Señor, quede bajo **maldición**.
¡Marana ta!*
—1 Corintios 16:22

*Pero aun si alguno de nosotros o un ángel del cielo
les predicara un evangelio distinto del que les hemos
predicado, ¡que caiga bajo **maldición**! Como ya lo
hemos dicho, ahora lo repito: si alguien les anda
predicando un evangelio distinto del que recibieron,
¡que caiga bajo **maldición**!*
—Gálatas 1:8-9

*Todos los que viven por las obras que demanda la
ley están bajo **maldición**, porque está escrito: "**Maldito** el que no practica fielmente todo lo que está escrito en el libro de la ley". Ahora bien, es evidente
que por la ley nadie es justificado delante de Dios,*

*porque "el justo por la fe vivirá". La ley no se basa en la fe; por el contrario, "el que practica estas cosas vivirá por ellas". Cristo nos rescató de la **maldición** de la ley al hacerse **maldición** por nosotros, pues está escrito: "**Maldito** todo el que es colgado de un madero". Así sucedió, para que, por medio de Cristo Jesús, la bendición prometida a Abraham llegara a las naciones, y para que por la fe recibiéramos el Espíritu según la promesa.*

—GÁLATAS 3:10-14

*y recibirán el justo pago por sus injusticias. Su concepto de placer es entregarse a las pasiones desenfrenadas en pleno día. Son manchas y suciedad, que gozan de sus placeres mientras los acompañan a ustedes en sus comidas. Tienen los ojos llenos de adulterio y son insaciables en el pecar; seducen a las personas inconstantes; son expertos en la avaricia, ¡hijos de **maldición**!*

—2 PEDRO 2:13-14

*Ya no habrá **maldición**. El trono de Dios y del Cordero estará en la ciudad. Sus siervos lo adorarán.*

—APOCALIPSIS 22:3

Recurso C

ORACIONES Y RENUNCIAS BÁSICAS PARA ROMPER MALDICIONES

Nuestros equipos DWJD (Haga lo que Jesús hizo) de sanidad y liberación han encontrado que tener una persona que lea en voz alta el siguiente documento de rotura de maldiciones poniendo fin a esta larga lista de maldiciones en su vida, es un primer paso muy útil en el proceso de liberación de la opresión espiritual. Obtener algún alivio inicial por medio de este proceso de ruptura de maldiciones puede acelerar los resultados generales de la liberación. Cuando una maldición ha sido rota, es importante considerar los siguientes factores:

1. La persona debe hacer una confesión cristiana, porque las maldiciones se rompen en el nombre de Jesús.

2. La gente debe creer lo que está diciendo cuando lo confiesa con su boca. (Vea Romanos 10:9-10.)

3. Ciertos antecedentes raciales, étnicos y geográficos pueden requerir un rompimiento de la maldición más específico.

ORACIÓN INTRODUCTORIA

Padre celestial, vengo ante Ti para pedir perdón por las maldiciones de mis antepasados y las maldiciones que traje a mi propia vida. Te ruego Señor, en nombre de los antepasados de mi padre y el linaje de mi madre en todo el camino de vuelta hasta Adán y Eva. Mientras hablo y declaro cada confesión, oro que Tú nos perdones a mí y a mis antepasados y pongas estos pecados bajo la sangre de mi Señor y Salvador, Jesucristo de Nazaret. Oro que Tú rompas estas maldiciones en ambos lados de mi familia, incluidos posibles ancestros de mi cónyuge o ex cónyuge(s). Puesto que algunos de mis descendientes aún no son legalmente mayores de edad, rompo todas estas maldiciones en su nombre. Aquellos de mis descendientes que ya son mayores de edad deben romper estas maldiciones por su propia renuncia.

CÓMO ROMPER LA MALDICIÓN DE LA FALSA RELIGIÓN

En el nombre de Jesús, yo renuncio y rompo todas las maldiciones de la falsa religión que hay en mí y en las generaciones futuras. Esta renuncia incluye, pero no se limita a las siguientes maldiciones:

1. Religión falsa, error doctrinal, dogma, legalismo, incredulidad, duda, rechazo de Dios, enojo con Dios, incredulidad en la Palabra de Dios como verdad inspirada por el Espíritu Santo, incredulidad en el poder de Dios, incredulidad en que Jesucristo es Dios, incredulidad en la muerte de Cristo y su resurrección, incredulidad en la obra terminada de Jesús en el Calvario, rechazo de la gracia,

Rompa la maldición

tratar de ganar el amor de Dios, tratando de
llegar a la santidad y la perfección en el propio
esfuerzo, tratar de alcanzar el cielo por méritos
y buenas obras.

2. Hipocresía, atadura religiosa, esclavitud religiosa, asesinato religioso, lujuria y ambición
por reconocimiento, lujuria y ambición por posición, lujuria y ambición por poder y control
en cuestiones religiosas, Jezabel y Acab, falso
amor, dones falsos, lenguas falsas, falso discernimiento, falsas palabras de sabiduría, profecía
falsa, dominación religiosa, falsa imposición de
manos, egoísmo, codicia, apatía religiosa, falta
de compasión, pretensión, juramentos falsos,
teología rígida, odio a la verdad, antisemitismo,
anticatolicismo, antiprotestantismo, actitudes
críticas, mentira, chisme, calumnia, división,
crítica, robo, cismas y murmuración.

3. Sociedad Aetherius, religiones nativas nor-
teamericanas, Maestros Ascendidos, Asamblea
de Yahweh, Edgar Cayce, Fe Bahá'í, magia
negra, budismo, Ciencia Cristiana, Iglesia Universal y Triunfante, *Un Curso de Milagros*, Eckankar, est (Erhard Seminars Training), Esalen,
hinduismo, mormonismo, Nueva Era, religión
Rastafari, rosacruces, Cabalá, Self-Realization
Fellowship, Swedenborgianismo, MT (Meditación Trascendental), obsesión por los ovnis,
Iglesia de la Unificación, Asociación Unitaria
Universalista, macumba, vudú, santería, islam,
Conciencia de Krishna, Teosofía, Ciencia Religiosa (Ciencia de la Mente), Cienciología, Testigos de Jehová, control mental, yoga, y todas
las sectas cristianas falsas.

4. Corto todos los lazos del alma con los fundadores, maestros y defensores de estas religiones y renuncio a todos los demonios unidos a estas religiones y sus líderes. Cancelo todo ritual, ceremonia, y pacto de sangre asociado con estos sistemas de creencias falsas.

CÓMO ROMPER LA MALDICIÓN DE LA HECHICERÍA

En el nombre de Jesús, yo renuncio y rompo todas las maldiciones de brujería en mí y en las generaciones futuras. Esta renuncia incluye, pero no se limita a las siguientes maldiciones:

1. Toda malvada maldición, fetiches, amuletos, vejaciones, maleficios, hechizos, mal de ojo; todo poder psíquico, hechicería, encantamientos, brujería y hechizos de amor.

2. Cualquier espíritu conectado con cualquier persona o personas de cualquier práctica oculta o fuente psíquica.

3. Todos los dones psíquicos heredados, fortalezas demoníacas, poderes psíquicos, servidumbre de enfermedad física y mental, rebelión y conflictos familiares y maritales, pecados, transgresiones, iniquidades, o participación psíquica y en el ocultismo.

4. Toda forma de adivinación y búsqueda de orientación a través de prácticas de brujería y ocultismo, incluyendo: tabla Ouija, encantamiento, sesiones de espiritismo, adivinación, nigromancia, bolas de cristal, frenología, lectura de palmas, astrología e influencia del signo de nacimiento personal, horóscopos, adivinación,

falsos sueños, runas; leer los posos del café y hojas de té, goteado de cera, o huesos.

5. Toda participación en mesas giratorias, "ligero como una pluma, tieso como una tabla" (reunión de levitación), convocar a Bloody Mary, cristales, escritura o pintura automática, canalización, festivales paganos, brujería, hechizos, encantamientos, maldiciones, magia (blanco y negro), agua de las brujas, radiestesia, brujería, Wicca, libros de hechizos o pociones de amor.

6. Adoración de la madre tierra o diosa de la tierra, espiritismo, espiritualismo, juramentos secretos, supersticiones, juegos de rol demoníacos, votos; creencia en las hadas, espíritus nativos, o guías espirituales.

7. Participación de mis ancestros en rituales ocultistas o satánicos incluyendo orgías, prostitución en el templo, sacrificios anuales, sacrificios de animales o humanos, adoración de ídolos, ceremonias en honor a falsos dioses y diosas, pactos con dioses falsos, automutilación, o fiestas bacanales.

8. Maldiciones luciferinas, satánicas y de la Francmasonería, y toda atadura de sociedad secreta.

9. Corto todos los lazos del alma con los vivos y los muertos que yo o mis antepasados hayamos atraído por tolerancia a la brujería. Corto su futuro acceso a mí a través del tercer ojo psíquico, la apertura de las chakras, la comunicación mediante canalización, libros, seminarios, objetos tales como cristales o amuletos,

transferencia de alma disociada, proyección astral, control mental, manipulación de otros a través de disparadores, o cualquier otra puerta abierta. Cada puerta abierta a través de mi mente y mi alma quedará cerrada mediante la sangre de Cristo y todo acceso es denegado a partir de ahora.

CÓMO ROMPER LA MALDICIÓN DE EMOCIONES DESTRUCTIVAS # 1

En el nombre de Jesús, yo renuncio y rompo todas las maldiciones de las emociones destructivas sobre mí y las generaciones futuras. Esta renuncia incluye, pero no se limita a, las siguientes maldiciones:

Orgullo

1. Todas las formas de orgullo, incluyendo "rigidez en el cuello", orgullo de la vida, orgullo físico, orgullo intelectual, orgullo espiritual, altivez desdeñosa, pretensión de inferioridad, arrogancia, engreimiento, astucia, engaño, trampa y mentira.

2. Renuncio específicamente el espíritu de Leviatán, el rey del orgullo, y elimino cualquier corona de soberbia que haya puesto en mí.

3. Rompo toda opinión excesiva de mí mismo relacionada con un falso sentido de la dignidad o el mérito. Pido al Espíritu Santo que me muestre la diferencia entre la autoestima apropiada y el error de la falsa superioridad. Pido que todo lo que hago sea para la gloria de Cristo.

Rompa la maldición

Ya sea que coman o beban o hagan lo que hagan, háganlo todo para la gloria de Dios.

—1 Corintios 10:31

Rechazo

1. Yo renuncio y rompo todas las maldiciones de rechazo, el rechazo percibido, rechazo de las maldiciones de palabras, el rechazo en el seno materno, todos los votos internos que he hablado, y los juicios de raíz de amargura que he pronunciado sobre mí mismo.

2. Yo renuncio y rompo todas las maldiciones de rechazo verbal y relacional de mis padres y de sus antepasados.

3. Yo renuncio y rompo todas las maldiciones de falsa percepción de rechazo de Dios; rechazo resultante de abuso mental, físico, verbal y sexual.

4. Yo renuncio y rompo todas las maldiciones de resentimiento, amargura, ira, celos, envidia, rencor, dolor, vergüenza y falsa culpa que resulta del rechazo.

5. Yo también renuncio a todo abandono que dio como resultado el espíritu de rechazo.

CÓMO ROMPER LA MALDICIÓN DE EMOCIONES DESTRUCTIVAS # 2

En el nombre de Jesús, yo renuncio y rompo todas las maldiciones de emociones destructivas que están en mí y en las generaciones futuras. Esta renuncia incluye, pero no se limita, a las siguientes maldiciones:

170

Ira y odio

1. Falta de perdón, ira, estallidos de ira, furia, odio vengativo.

2. Odio al padre, madre, cónyuge, excónyuge, todas las anteriores relaciones sexuales y emocionales y ataduras de alma. Odio a los hombres, a las mujeres, a líderes espirituales, a los que tienen autoridad en la Iglesia y en el gobierno civil.

3. Renuncio a todas las emociones conexas de odio a mí mismo, impulsividad, irritación, ira, rabietas, discordia, contención, conflicto, voluntad propia inmadura, violencia, lucha, o guerra.

4. Yo renuncio y rompo todas las maldiciones del odio racial; odio a los países, a los partidos políticos, a identidades étnicas.

5. Renuncio a todo el odio hacia los que me han atormentado, abusaron de mí, o me han tratado con dureza.

Y cuando estén orando, si tienen algo contra alguien, perdónenlo, para que también su Padre que está en el cielo les perdone a ustedes sus pecados.
—MARCOS 11:25

Miedo

1. Yo renuncio y rompo todas las maldiciones relacionadas con el miedo de dar y recibir amor libremente.

2. Yo renuncio y rompo todas las maldiciones del miedo a la muerte, a la oscuridad, a los animales, y a todas las criaturas vivientes; miedo

171

a las multitudes, al agua, de asfixiarme, de ahogarme, de asalto sexual, de los lugares cerrados, de las tormentas, y el miedo al futuro.

3. Yo renuncio y rompo todas las maldiciones relacionadas con el miedo a los demonios, a Satanás, a la pérdida de la salvación y al juicio. Esto incluye el falso temor del infierno, así como falso temor del Espíritu Santo, Jesús y Dios.

4. Yo renuncio y rompo todas las maldiciones relacionadas con el miedo a otra gente: el miedo a los hombres o a las mujeres, el miedo a tener hijos, el miedo a las relaciones, el miedo al matrimonio, y el miedo a la dirección espiritual.

5. Yo renuncio y rompo todas las maldiciones relacionadas con pesadillas, insomnio o terrores nocturnos; al temor de tormento, tortura, trauma, terror, sueños o accidentes; a las supersticiones, la agorafobia, y todas las fobias irracionales.

Porque Dios no nos ha dado un espíritu de cobardía, sino de poder, de amor y de dominio propio.
—2 Timoteo 1:7, rv60

Cómo romper la maldición de emociones destructivas # 3

En el nombre de Jesús, yo renuncio y rompo todas las maldiciones de las emociones destructivas que están en mí y las generaciones futuras. Esta renuncia incluye, pero no se limita a las siguientes maldiciones:

Depresión

1. Depresión, desesperanza, desesperación, desaliento, falta de valor, un corazón roto, un espíritu herido, y todos los pensamientos que acompañan a la muerte, el suicidio, las autolesiones, y la autodestrucción.

2. Todas las formas de la enfermedad mental e incapacidad emocional asociadas con la depresión, incluyendo esquizofrenia, paranoia, trastorno bipolar (maniaco depresivo), el desorden de personalidad fronteriza, locura, insania y trastornos emocionales similares.

3. Yo renuncio y rompo todas las maldiciones relacionadas con respuestas negativas a la depresión y el trauma, tales como las adicciones al alcohol, las drogas, el juego y la pornografía; trastorno obsesivo compulsivo, trastornos de ansiedad y el trastorno de estrés postraumático.

4. Yo renuncio y rompo todas las maldiciones relacionadas con las respuestas físicas a la depresión y el trauma, que pueden incluir la demencia, senilidad, daño neurológico, epilepsia, convulsiones, todo desequilibrio hormonal y químico, y el autoabuso.

La esperanza postergada aflige al corazón, pero un sueño cumplido es un árbol de vida.
—PROVERBIOS 13:12, NTV

Aislamiento

1. Yo renuncio y rompo todas las maldiciones relacionadas con el aislamiento, la soledad, el dolor no natural, la agorafobia, y todas las

justificaciones religiosas injustificadas para la separación emocional.

2. Yo renuncio y rompo todas las maldiciones relacionadas con un espíritu errante, un estilo de vida disfuncional en las relaciones, la ociosidad y la pereza que conducen a la inactividad.

3. Yo renuncio a toda falsa racionalización para justificar la carencia de amistades, la falta de comunión cristiana, de camaradería, de mentores y de rendición de cuentas.

4. Yo renuncio a toda fuerza demoníaca con una asignación de Satanás para "mantenerme a mí mismo", y lejos del Señor, la familia y los líderes espirituales cuidadores.

5. Renuncio a cada plan de Satanás para que me divorcie, esté soltero, solo, incluso sin conexiones platónicos, y temerosos de confiar y ser emocionalmente vulnerable.

CÓMO ROMPER LA MALDICIÓN DE EMOCIONES DESTRUCTIVAS # 4

En el nombre de Jesús, yo renuncio y rompo todas las maldiciones de las emociones destructivas que están en mí y las generaciones futuras. Esta renuncia incluye, pero no se limita a las siguientes maldiciones:

Odio a sí mismo

1. Odio a sí mismo, autoabuso, autocondena (como lo evidencia el ser culposo, sentirse como un fracaso, estar lleno de pensamientos de odio a sí mismo e insuficiencia).

2. Renuncio a voces negativas de mi pasado (como el abuso verbal y emocional de los

padres, pastores, maestros, líderes cristianos, y amigos).

3. Yo renuncio a la voz interior que me dice que no soy bueno, que nunca llegaré a nada, que estaría mejor muerto, que debería hacer un favor al mundo y matarme, que nadie va a amar y aceptar, que siempre seré un fracaso, y que ni siquiera Dios me quiere.

4. Renuncio a los pensamientos condenatorios que atacan mi apariencia física, mis habilidades intelectuales, mis capacidades emocionales y mi relación con Dios (cuestionando mi dignidad para ser salvado por la gracia de Dios).

5. Yo renuncio y rompo todas las maldiciones relacionadas con cualquier impulso destructivo a la autolesión a través de corte o de otras formas de abuso autolesivo. Yo rechazo todas las sugerencias de muerte repentina, suicidio, huída, esconderse, o permitir que mis pensamientos se entretengan en fantasías o ilusiones que no son saludables.

Adicción

1. Yo renuncio y rompo todas las maldiciones relacionadas con todas las formas de narcisismo y el egoísmo que llevan a las adicciones a las drogas, el alcohol, el juego, la lujuria, la gula, la bulimia, la anorexia, los atracones y las purgas.

2. Renuncio y rechazo todos los espíritus de engaño, estupor, antojos, compulsiones, resaca,

alucinaciones, muerte lenta, y deshonra del cuerpo (que es el templo del Espíritu Santo).

3. Renuncio y rechazo todos los antojos y deseos antinaturales por gratificaciones dañinas incluyendo drogas psicoactivas y psicotrópicas (tanto de prescripción como de recreación, legales e ilegales), que son innecesarios a la vida, la salud y el manejo del dolor.

4. Yo renuncio y rompo todas las maldiciones relacionadas con la marihuana, la velocidad, LSD, alucinógenos, heroína, crack, drogas de diseño, barbitúricos, manivela, PCP, opiáceos no médicos, cocaína, metadona, solventes aspirados, ayudas innecesarias del sueño; junto con toda la venta ambulante ilegal, el tráfico, o la formulación de este tipo de drogas adictivas, sin licencia.

CÓMO ROMPER LA MALDICIÓN DE EMOCIONES DESTRUCTIVAS # 5

En el nombre de Jesús, yo renuncio y rompo todas las maldiciones de las emociones destructivas que están en mí y las generaciones futuras. Esta renuncia incluye, pero no se limita a las siguientes maldiciones:

Lujuria

1. Yo renuncio y rechazo toda lujuria, la lujuria de la carne, la pornografía, las conversaciones y fantasías sucias, sueños tormentosos, imaginaciones y flashbacks pecaminosos, recuerdos sexualizados, fantasías malsanas, ojo mirón, coqueteo impíos.

2. Yo renuncio y rompo todas las maldiciones relacionadas con actividades sexualmente ilícitas, incluyendo el adulterio, la infidelidad, la inmoralidad, la fornicación, la promiscuidad, el abuso sexual, la violación, el incesto, la prostitución, el procurar prostitutas, desnudismo, ir a clubes de *striptease*, masturbación compulsiva; así como ver pornografía en películas, televisión, revistas, videos, y la internet.

3. Yo renuncio y rompo todas las maldiciones relacionadas con la perversión, la bestialidad, la pedofilia, la violencia sexual y la crueldad, el masoquismo, sadomasoquismo, sexo tántrico, o el sexo oculto. Yo renuncio a todos los espíritus de prostitución y fornicación, inmundicia, contaminación, lascivia, libertinaje, desnudez, voyeurismo, íncubo o súcubo.

4. Yo renuncio y rompo todas las maldiciones relacionadas con actividad que afecta las relaciones sexuales, incluyendo frigidez, impotencia, esterilidad, infertilidad, relaciones incumplidas, múltiples divorcios y matrimonios fallidos.

5. Renuncio y rechazo toda entrada de demonios sexuales utilizando otros orificios del cuerpo, incluyendo las orejas, los ojos, la nariz (olfato), el tacto; así como a través de sueños, visualizaciones, excitación nocturna, soñar despierto, o cualquier estímulo sexual demoníaco.

6. Yo renuncio y rompo todas las maldiciones relacionadas con relaciones ilícitas antes o después del matrimonio y todos los lazos del alma asociadas con tales relaciones.

Rompa la maldición

7. Yo renuncio y rompo todas las maldiciones relacionadas con los intentos de utilizar el sexo para obtener poder, riqueza, control, dominación y manipulación de las relaciones.

8. Renuncio y rechazo de todos los intentos de Satanás de inculcar falsa vergüenza, culpa falsa, autocondenación, odio a mí mismo, vergüenza u odio a mi cuerpo. Yo renuncio y rompo todas las maldiciones relacionadas con los falsos intentos de pureza y autoaislamiento a través del ganar peso, la apariencia descuidada, anorexia, bulimia, o comportamiento ofensivo.

CÓMO ROMPER LA MALDICIÓN DE EMOCIONES DESTRUCTIVAS # 6

En el nombre de Jesús, yo renuncio y rompo todas las maldiciones de las emociones destructivas que están en mí y las generaciones futuras. Esta renuncia incluye, pero no se limita, a las siguientes maldiciones:

Rebelión

1. Rebelión contra Dios, desobediencia, una actitud tibia; indiferencia espiritual, apatía y letargo; cualquier forma de idolatría (incluyendo adorar dioses falsos o comportamiento idólatra), la justicia propia, espiritualidad fingida, y el espíritu de Jezabel.

2. Me arrepiento y renuncio al comportamiento rebelde y rompo todas las maldiciones que puedan haber venido con mi rebelión, específicamente: la negativa a someterse a la autoridad (a mis padres antes de mi emancipación legal), a mi marido (si soy una mujer), o al pastor o los ancianos espirituales de mi iglesia.

Yo renuncio y rompo todas las maldiciones asociadas con la rebelión respecto a los asuntos civiles y la autoridad gubernamental establecida, incluyendo violación de la ley y la falta de pago de impuestos, disturbios, robo, el anarquismo, el nihilismo, la desobediencia civil violenta.

3. Yo renuncio y rompo todas las maldiciones asociadas con las emociones y actitudes relacionados con la rebelión, incluyendo ser imposible de enseñar, estar a la defensiva, ser argumentativo, subversivo, manipulador, controlador, o exigente; También pretender sumisión, coercionar y establecer mi propia agenda en conflicto con el bien común.

CÓMO ROMPER LA MALDICIÓN DE COMPORTAMIENTO DEMONÍACO # 1

En el nombre de Jesús, yo renuncio y rompo todas las maldiciones de comportamiento demoníaco que hay en mí y las generaciones futuras. Esta renuncia incluye, pero no se limita a las siguientes maldiciones:

Maldiciones de origen nacional, étnico y racial

1. Revoco toda maldición generacional, genealogías demoníacas, depravación racial y nacionalidades corruptas que vienen a través de mi línea de sangre. Esta renuncia se aplica a mí y a todas las generaciones futuras. Me arrepiento en nombre de mis antepasados que se remontan hasta Adán y Eva, de todos los pecados e iniquidades incluyendo todos sus juramentos impíos, votos, y actos ceremoniales y rituales que involucran la adoración de falsos

dioses, diosas e ídolos. Te pido perdón por todo el derramamiento de sangre y cada pacto de sangre con sacrificios de animales o seres humanos.

2. Yo renuncio y rompo todas las maldiciones del prejuicio (tanto de superioridad racial o étnica y de inferioridad racial o étnica). Yo reprendo y renuncio a todos los espíritus asociados con la conquista, la violación, el saqueo, la dominación, el genocidio, el robo de tierras o propiedades, asesinato, ataque, la toma de territorios por la violencia; la matanza de las familias, los hogares, los pueblos y las naciones.

3. Yo renuncio y rompo todas las maldiciones de esclavitud, opresión, injusticia; y cualquier deseo nacionalista de conquistar por la riqueza, el poder, el prestigio y la subyugación.

4. Yo reprendo a los demonios de la guerra, la violencia, el Anticristo, Abadón, Apolión, Moloc, y Nike.

Asesinato

1. Yo renuncio y rompo todas las maldiciones de asesinato, venganza, retaliación, celos, aborto, autolesión, autocorte, suicidio, intentos de suicidio, ideas de suicidio, infanticidio, adoración de Moloch, sacrificio de niños, fratricidio, control natal destruyendo óvulos fertilizados, y el asesinato ritual o el asesinato de pandillas.

2. Me arrepiento de todo pensamiento o acciones destructivas hacia propiedades, personas, instituciones, líderes civiles y religiosos, y los que me han hecho daño o me trataron

injustamente; todos los planes, especulaciones, o reflexiones sobre la venganza por causar daño físico o emocional. Rompo todas las maldiciones relacionadas con tales pensamientos o acciones.

3. Rompo todas las maldiciones en que incurrió cualquier antepasado que cometió actos de asesinato o intento de asesinato, y a todas las pasadas instancias dentro de mi línea familiar, de violencia o instigación a la violencia que conduce a daños de cualquier tipo.

CÓMO ROMPER LA MALDICIÓN DE COMPORTAMIENTO DEMONÍACO # 2

En el nombre de Jesús, yo renuncio y rompo todas las maldiciones de comportamiento demoníaco que hay en mí y en las generaciones futuras. Esta renuncia incluye, pero no se limita a las siguientes maldiciones:

Muerte y destrucción

1. Todos y cada deseo de muerte para mí mismo o para otros.; cualquier juramento de sangre, votos, o pactos de sangre, incluyendo los rituales sexuales de vampirismo o el intercambio de sangre.

2. Yo renuncio y rompo todas las maldiciones que se derivan de la participación en el ocultismo, la brujería, el vudú, la venganza mágica, y la adivinación, cuando dicha participación dio lugar a intrigas o a conspirar para asesinar a cualquier niño (infanticidio) o al asesinato de miembros de la familia (hermanos, hermanas, padres y todos los otros parientes).

3. Yo renuncio y rompo todas las maldiciones que han resultado de desear la muerte de cualquier persona; o de desear un perjuicio a la carrera, el futuro, el destino, las relaciones, las bendiciones, la felicidad, la vida espiritual, la alegría, la libertad, el honor, el matrimonio, la riqueza espiritual, la prosperidad, propósito, creatividad, diseño, o metas de alguien.

4. Yo renuncio y rompo todas las maldiciones que han resultado de la participación en cualquier delito, incluyendo robo, vandalismo, graffiti, saqueos, incendios, anarquía, malicia con mala intención, destrucción de bienes o propiedades, perjudicar o mostrar falta de respeto a la propiedad o posesiones de los demás.

Entretenimientos

1. Renuncio y rompo todas las maldiciones que han venido de pasatiempos impíos, de juegos de azar, alcoholismo, o de entretenimiento demoníacos; estilos de vida hedonistas, diversiones lascivas y música profana; tatuajes, perforaciones en el cuerpo, orgías, borracheras, juergas, vicios, y toda actividad malsana.

2. Me arrepiento de asistir o visitar cualquier ceremonia demoníaca, rituales paganos, conciertos vulgares, casinos de juego, películas y producciones teatrales irreverentes, y cualquier indulgencia blasfema o sacrílega, y rompo todas las maldiciones que han resultado de estas actividades.

Finanzas

1. Me arrepiento por el amor al dinero, la codicia, la avaricia, el robo, el hurto y el uso de básculas o balanzas injustas, y rompo todas las maldiciones asociadas a este comportamiento pecaminoso. Yo renuncio a un espíritu de pobreza, de falta, de no gozar de los frutos del trabajo de uno, falta de pago de los diezmos, falta de pago de impuestos, y rompo todas las maldiciones asociadas con esta forma de pensar. También rompo la maldición de Malaquías por robar a Dios (vea Malaquías 3:8-9) y la maldición de plagas devoradoras de "cultivos" y del "fruto" de mis "campos", habiendo renunciado al comportamiento no virtuoso que dio lugar a estas maldiciones.

2. Estoy de acuerdo en pagar todos los impuestos y diezmos atrasados según mis posibilidades, a la restitución de todo lo que he robado, y a conducir mis asuntos financieros de una manera honesta y justa.

3. Me resisto a todo espíritu de pobreza y falta y retención demoníaca de mis finanzas y demando el retorno de siete veces, de acuerdo a la ley de restitución. (Vea Proverbios 6:31.)

CÓMO ROMPER LA MALDICIÓN DE COMPORTAMIENTO DEMONÍACO # 3

En el nombre de Jesús, yo renuncio y rompo todas las maldiciones de comportamiento demoníaco que hay en mí y en las generaciones futuras. Esta renuncia incluye, pero no se limita a las siguientes maldiciones:

El espíritu de Jezabel / Acab

1. El espíritu de Jezabel o Acab representado por
   el asesinato, el control, la falsa sumisión, la
   manipulación, la arrogancia, la falsa espiritualidad, la falta de responsabilidad; y todas las
   formas en las que opera Jezabel, como Reina
   de los Cielos, Reina de Babilonia, esposa,
   madre, tutor, amante, pareja sexual, maestro,
   pastor, líder.

2. Yo renuncio a toda participación como Jezabel
   / Acab en toda relación, como esposo y esposa, madre e hijo, padre e hijo, pastor-laico,
   empleador-empleado, amigo-amigo, mentor-
   estudiante, amante-amante (incluyendo el uso
   del sexo para manipular); y me arrepiento de
   usar el poder, el dinero o la posición para co-
   rromper esas relaciones.

3. Renuncio y me arrepiento de todo odio y rebelión hacia hombres, autoridad, liderazgo cristiano; y todas las formas de expresión de este
   odio y rebelión, incluida una lengua afilada,
   la seducción sexual, la ira, y la cooperación
   fingida.

4. Renuncio a todas las maneras en que el espíritu de Jezabel o Acab opera, incluyendo, pero
   no limitado a la esterilidad, infertilidad, desprecio de los niños, irreverencia hacia las cosas
   santas, chismes, murmuraciones, socavando el
   liderazgo, destruyendo matrimonios, atacando
   sinuosamente a líderes espirituales, incitando
   al fracaso espiritual o a cismas de la iglesia,
   cuestionando la autoridad bíblica; la misoginia,

perpetrar la castración emocional, y fomentar la brujería y la rebelión.

5. Renuncio a toda forma de expresión de Jezabel través de los espíritus de Lilit, Astoret, Afrodita, Astarté, Diana, Venus, Ishtar, Isis, Kali, Anat, y otras formas de la diosa a través de la historia. Renuncio a todo socio y cohorte de Jezabel, incluyendo los espíritus de Acab, Moloch, Baal, Asesinato, Brujería, y Lucifer. Yo corto todo vínculo del alma con estos falsos dioses y falsos diosas y todo vínculo sexual, emocional o espiritual que haya forjado con cualquier persona controlada por Jezabel. En juicio, libero a los perros de Jezreel (vea 2 Reyes 9:34-37) para que coman espiritualmente la carne y beban la sangre de Jezabel para impulsar su influencia por completo fuera de mi vida.

CÓMO ROMPER LA MALDICIÓN DE ENFERMEDADES FÍSICAS Y MENTALES # 1

En el nombre de Jesús, yo renuncio y rompo todas las maldiciones de enfermedades físicas y mentales que están en mí y las generaciones futuras. Esta renuncia incluye, pero no se limita a las siguientes maldiciones:

Enfermedades

1. Cada enfermedad genética y congénita transmitida por transferencia hereditaria. Esto incluye, pero no está limitado a la artritis, el cáncer, la epilepsia, fibromialgia, enfermedades gastrointestinales, ojos / oídos / enfermedades de la nariz / garganta, enfermedad del corazón, presión arterial alta, problemas pulmonares,

todas las enfermedades de las articulaciones
y extremidades, enfermedades del esqueleto y
músculo-esqueléticas, enfermedades de los sistemas linfáticos y endocrinos, enfermedades
neurológicas, anomalías vasculares, enfermedades genitales, mal funcionamiento del cerebro, y todos los trastornos de cada órgano
interno.

2. Yo renuncio a todas y cada enfermedad, in-
   validez, discapacidad, dolencia, condición
   anormal, función corporal desordenada, in-
   fección, deficiencia nutricional, y toxicidad
   interna.

3. Renuncio a todos los factores que influyen
   en mi salud, incluyendo los que son pató-
   genos, parásitos, venenosos, del medio am-
   biente, o causados por microorganismos, virus
   y mutaciones genéticas.

4. Rompo toda maldición destinada a afectar a
   mi salud en general, llevar a la muerte o la
   muerte prematura, resultando en sufrimiento,
   aumento del dolor, aumento de la vulnerabi-
   lidad a la enfermedad, o provocando un mal
   funcionamiento del cuerpo; provocar el des-
   gaste, la pérdida de la voluntad de vivir, o el
   miedo a la muerte.

5. Declaro la curación de Cristo sobre cada ano-
   malía física o disfunción, y la restauración de
   mi cuerpo a la salud y la integridad.

Problemas de salud mental

1. Rompo toda maldición asociada con todas las
   formas de enfermedad mental e incapacidad

emocional, incluyendo la esquizofrenia, paranoia, depresión, trastorno bipolar (maniaco depresivo), el trastorno de la personalidad fronteriza, la locura, la insania y trastornos mentales / emocionales similares.

2. Renuncio a todos los ataques relacionados con la edad en mi mente, como la demencia, la senilidad, la pérdida de la memoria, la enfermedad de Alzheimer, la confusión, la distracción mental y el olvido.

3. Trastorno obsesivo-compulsivo, ataques de pánico, trastorno de estrés postraumático, agorafobia, panofobia, narcisismo, todos los trastornos de ansiedad, autismo, trastorno de déficit de atención y trastornos de hiperactividad.

1. Declaro la sanidad de Cristo en todos los temas de salud mental y la restauración de la salud y la integridad.

CÓMO ROMPER LA MALDICIÓN DE ENFERMEDADES FÍSICAS Y MENTALES # 2

En el nombre de Jesús, yo renuncio y rompo todas las maldiciones de las enfermedades físicas y mentales que están en mí y en las generaciones futuras. Esta renuncia incluye, pero no se limita a las siguientes maldiciones:

Ataques a los órganos

1. Todo el cáncer, incluyendo el cáncer de mama, cáncer de estómago, leucemia y otros cánceres de la sangre, cáncer de la próstata, cáncer de piel, cáncer de pulmón, cáncer linfático, cáncer de cerebro, cáncer de los órganos

reproductivos, y el cáncer del colon y los intestinos.

2. Yo reprendo cada ataque demoníaco que causa tumores, crecimiento celular descontrolado, derrames cerebrales o parálisis; y todas las enfermedades incluyendo anemia de células falciformes, enfermedad de Lou Gehrig (ALS) y otras enfermedades de la neurona motora, la distrofia muscular, diabetes, eczema y todas las otras enfermedades de la piel, la enfermedad de Parkinson, la enfermedad de Crohn, esclerosis múltiple, SIDA, y todas las enfermedades crónicas.

3. Yo renuncio y rompo todas las maldiciones que han afectado a los ojos y que han dado lugar a problemas de visión, incluyendo astigmatismo, glaucoma, cataratas, desprendimiento de retina, y cualquier grado de ceguera.

4. Yo renuncio y rompo todas las maldiciones que han resultado en el control del peso y los trastornos alimentarios, incluyendo tanto la sobrealimentación como la subalimentación.

5. Yo renuncio y rompo todas las maldiciones sobre asuntos del corazón, incluyendo el colesterol alto, insuficiencia cardíaca congestiva, soplos cardíacos, fallos cardiacos falsos, arritmias, problemas de válvulas cardíacas, coágulos sanguíneos, flebitis, endurecimiento y el adelgazamiento y el bloqueo de las arterias, y todo temor a estas condiciones.

6. Yo renuncio y rompo todas las maldiciones en materia de condiciones pulmonares, incluyendo infecciones bronquiales y pulmonares,

asma, enfisema, rinitis alérgica (fiebre del heno), sinusitis, bronquitis y otras causas de mala capacidad pulmonar.

7. Yo renuncio y rompo todas las maldiciones referentes a anomalías esqueléticas, como una curvatura de la columna vertebral, escoliosis y otros huesos o anomalías o enfermedades en las articulaciones.

8. Yo renuncio y rompo todas las maldiciones que han dado lugar a un mal funcionamiento de la vejiga, hígado, piel, páncreas, apéndice, órganos reproductores, tiroides, vesícula, riñones, y cualquier órgano que afecta al cuerpo por vía sistémica (que afecta a todo el cuerpo).

9. Yo renuncio y rompo todas las maldiciones que causan o intensifican el dolor crónico, incluyendo dolor de la espalda y la columna vertebral; dolor que resulta de esguinces, desgarros musculares y el tejido y articulaciones enfermos, todos dolores que inhiben la actividad normal.

10. Yo renuncio y rompo todas las maldiciones relativas a cirrosis, problemas de audición, hipoglucemia, úlceras, hepatitis y cualquier dolencia que resulta en inflamación, edema, prurito, ardor, vértigo, parálisis, impotencia, esterilidad, aborto involuntario, desmayo, convulsiones, o cualquier otro síntoma de mala salud.

11. Por las llagas de Cristo (vea 1 Pedro 2:24) yo soy sanado. Todas mis células, todo mi ADN, todos mis cromosomas, todos mis órganos, y todos mis sentidos deben cumplir con el orden

divino de Dios para mí ser. Todo espíritu maligno asignado para destruir cualquier aspecto de mi cuerpo físico está inhibido en adelante de causar más tormento o acoso.

CÓMO ROMPER LA MALDICIÓN DE LA FALSA ESPIRITUALIDAD

En el nombre de Jesús, yo renuncio y rompo todas las maldiciones de la falsa espiritualidad que hay en mí y en las generaciones futuras. Esta renuncia incluye, pero no se limita a las siguientes maldiciones:

1. Todas las religiones y prácticas religiosas falsas, especialmente las que se basan en el antiguo culto de los sumerios, babilonios, egipcios, asirios, y druidas.

2. Cada falso dios y falsa diosa, cada deidad y semidiós, todo espíritu, demonio, ídolo, icono, objeto y amuleto.

3. Todas las religiones falsas, incluyendo todos sus rituales, ceremonias, credos, los llamados textos y pergaminos sagrados, ofrendas, sacrificios y pactos, especialmente los pactos de sangre que implican el sacrificio de animales y seres humanos.

4. Además, yo renuncio y rompo todas las maldiciones de falsa espiritualidad que vienen de las organizaciones que promueven el comportamiento ético e intelectual carente de principios del judeo-cristianismo y buscan una mejor humanidad negando deliberadamente la expiación por la sangre de Cristo.

5. Renuncio a toda la afiliación, encomendación, grado, voto, juramento, contrato, acuerdo,

en palabra impíos que se encuentra en competencia con o en contra de mi compromiso con el Padre, el Hijo y el Espíritu Santo.

6. Yo renuncio a todo intento de suplantar la sabiduría de Cristo con filosofías influenciadas por demonios, teorías, racionalizaciones, sabiduría exaltada o falsa, o el empleo de maestros ascendidos, lo que resulta en la exaltación del intelecto o en doctrinas de demonios.

7. Renuncio a todo falso líder religioso, gurú, maestro, avatar, fundador, portavoz y representante a quien he prometido devoción, dado dones y ofrendas, o con los que he tenido unión sexual o emocional. Rompo todas las ataduras del alma asociadas a estos individuos, expulsar a cualquier transferencias del alma de ellos, y repudio todo control mental.

8. Me arrepiento y renuncio a cada palabra en nombre de toda falsa espiritualidad, incluyendo blasfemias, malas palabras, sacrilegio, maldiciones, juramentos de muerte, votos de autolesión, pactos secretos y toda burla del cristianismo.

9. Yo renuncio y rompo todas las maldiciones asociadas a prácticas de ocultismo, incluyendo, pero no limitado a, yoga, TM, prácticas tántricas, imágenes guiadas, visualizaciones, holismo ateo, meditación demoníaca, hipnosis de control mental, mantras, cánticos, confianza en los poderes psíquicos, terapia de vidas pasadas, guías espirituales y canalización, reencarnación, Qiqong, kundalini, prana, chakras, auras, clarividencia, ESP, todos los poderes

psíquicos, la sanación psíquica, Reiki, I Ching, y toda la adivinación. Yo también renuncio a todos los profesores, facilitadores, gurús y líderes que me indujeron a disfrutar estas prácticas y rompo todo lazo del alma con ellos. También rompo todos los acuerdos, el sello, el pacto, y la sumisión asociada a estas prácticas y los individuos que me las transmitieron a mí.

CÓMO ROMPER LAS MALDICIONES DE TODOS LOS PROBLEMAS DE ATADURAS DEL ALMA

En el nombre de Jesús, yo renuncio y rompo todas las maldiciones de todos los problemas de atadura de alma que están en mí y las generaciones futuras. Esta renuncia incluye, pero no se limita a las siguientes maldiciones:

1. Cada vínculo insalubre e impío emocional, física, sexual, mental, espiritual, profesional psíquico y relacional en que he entrado por lo que he llegado a atarme a otro individuo, incluyendo cualquier amigo, familiar, amante, ex amante, cónyuge, excónyuge, prostituta, empresario, mentor, pastor, o cualquier otra persona a la que me he permitido apegarme de una manera que ha resultado en mi perjuicio.

2. Renuncio a todas las emociones, votos, promesas, promesas, acuerdos vinculantes formales o informales que pronuncié o celebré con la persona a quien le fue atada el alma o con quien yo estaba en una relación de una sola carne, y rompo todas las maldiciones asociadas a esas relaciones.

3. Pido perdón por cualquier engaño o seducción que llevó a esta esclavitud. Pido sanidad de los recuerdos de todas las circunstancias

que llevaron a la eliminatoria atadura del alma. Perdono al otro individuo por lo que puede haber hecho para seducirme, engañarme o lastimarme de alguna manera.

4. Si alguna parte del alma de la persona a la que yo estaba atado se ha embebido en alguna parte de mi mente o emociones, le pido al Espíritu Santo que la quite. Si algunos demonios están asociados a alguna parte transferida del alma, me resisto a estos espíritus malignos por la sangre de Cristo. Puedo enviar de vuelta las partes a la persona de la que proceden. Voy a devolver o destruir, según el caso, cualquier objeto que me conecte con ese individuo, objetos que me permiten recordar a esa persona o eran un regalo de esa persona. Al eliminar estos recordatorios físicos, estoy cortando todas las formas en que Satanás puede mantener a esa persona en mi vida.

5. En el nombre de Jesús, yo renuncio, resisto, y rompo todas las maldiciones de vergüenza, culpa, autocondenación, acoso, acecho, o tormento emocional relacionadas con esta persona. Como el lazo del alma está roto, esta persona ya no tiene ningún derecho espiritualmente legal a influir en mi vida.

6. Cada puerta en cada parte de mi ser que fue afectada por esta atadura de alma está ahora cerrada y sellada por la sangre de Cristo.

CÓMO ROMPER LA MALDICIÓN DE CADA ALMA FRAGMENTADA

En el nombre de Jesús, yo renuncio y rompo todas las maldiciones de cada alma fragmentada que hay en mí y las generaciones futuras. Esta renuncia incluye, pero no se limita a las siguientes maldiciones:

1. Cada intento de Satanás por medio de la brujería, el satanismo, o cualquier poder oculto, de fragmentar mi mente y emociones. Me arrepiento de mi participación en prácticas que puedan haber facilitado este mal propósito, como practicar el misticismo oriental, la meditación, la hipnoterapia, el trance, la canalización, o diversas formas de control de la mente; tomar drogas, o escuchar música demoníaca.

2. Les pido a los ángeles del Señor y el Espíritu Santo que capturen todas las piezas rotas de mi mente y las lleven de nuevo a mí en restauración y plenitud según el Salmo 23:3 ("Él restaura mi alma").

3. Yo renuncio a todo intento de cualquier persona de controlar mi mente y mi vida y por lo tanto causar que mis emociones se fragmenten a través de su dominación. Esta renuncia incluye cualquier control mental involuntariamente permitido por mis antepasados, pasando a mí la tendencia a disociarme negativamente.

4. Les pido sanidad para cada parte psicológicamente disociada o emocionalmente desconectada de mi mente y emociones. Aunque reconozco que temporalmente esas condiciones puede facilitar la supervivencia después de un trauma, yo sé que es la voluntad de Dios para mí, no para ser de "doble mente", sino estable en todos mis pensamientos y acciones (vea Santiago 1:2-7). Quiero que esta sanidad penetre todos los aspectos de mi alma, hasta

las partes más profundas que están sujetas a amnesia, para que ninguna fuerza demoníaca pueda manipular mi estado consciente o inconscientemente.

CÓMO ROMPER LA MALDICIÓN DE ABOMINACIONES BÍBLICAS

En el nombre de Jesús, yo renuncio y rompo todas las maldiciones de abominaciones bíblicas que están en mí y en las generaciones futuras. Esta renuncia incluye, pero no se limita a las siguientes maldiciones:

1. Cada maldición bíblica pronunciada sobre conducta inmoral, desobediente e impía. Esto incluye la maldición de ilegitimidad (en Deuteronomio 23:2), la maldición del antisemitismo (en Génesis 12:3), y todas las maldiciones que Dios advierte a su pueblo en Deuteronomio 28.

2. Todas las maldiciones de muerte, aislamiento, separación de Dios, pobreza y todas las consecuencias físicas y mentales de la rebelión espiritual.

3. Cada maldición de fornicación, adulterio, incesto, perversión sexual, toda impureza moral, retener objetos malditos, hacer caso omiso de los pobres, aprovecharse del inocente y vulnerable, la brujería, el robo, el jurar en falso, la idolatría, el maldecir (especialmente tomar el nombre del Señor en vano), la codicia, el engaño, la deshonestidad, el no dar el diezmo, el asesinato, la opresión de los discapacitados, la falta de atención a las viudas y los huérfanos, las persecuciones religiosas engañosas, deshonrar a los padres, el infanticidio, la brujería,

y cualquier otra maldición causada por la iniquidad.

4. Estas maldiciones están ahora rotas hasta Adán y Eva, y de las acciones de cada antepasado intermedio. Estas maldiciones de abominaciones bíblicas también se rompen en todas las generaciones futuras. Como rompo estas maldiciones y renuncio a todas estas abominaciones, estoy una vez más aceptado en la comunión con Dios y ya no tengo que sentir vergüenza de entrar en su presencia.

Recurso D

DÓNDE OBTENER AYUDA

BOB LARSON

DWJD® Spiritual Freedom Church (Iglesia Libertad
Espiritual)
www.BobLarson.org

AUTOR, PASTOR Y PRESENTADOR DE RADIO Y TV

El principal experto del mundo en sectas, ocultismo y
fenómenos sobrenaturales.

TIEMPO PERSONAL CON BOB LARSON

¿Está deprimido? ¿Le falta dirección en la vida?
¿Lucha con las relaciones? ¿Sufre carencia
financiera o problemas de salud?

¡APRENDA LAS CLAVES PARA EL ÉXITO ESPIRITUAL!

Organice su personal encuentro espiritual uno-a-uno
con Bob, por correo electrónico a Bob@BobLarson.org,
o llame al 303-908-1511.

Recursos de Bob Larson están disponibles en línea. Permita

que DVD, libros y otros materiales de Bob lo ayuden en su viaje a la libertad espiritual.

Vaya a www.DemonTest.com para descubrir su nivel de necesidad espiritual.

Visite todos nuestros sitios web listados a continuación:

www.BobLarson.org

www.DemonTest.com

www.TheRealExorcist.com

Siga a Bob Larson en varias redes sociales. Vaya a www.BobLarson.org y haga clic en el ícono del Blog para ver sus puntos de vista y enseñanza diaria. Para ver a Bob en acción rompiendo maldiciones y echando fuera demonios, haga clic en el ícono de YouTube. No se olvide de elegir Me Gusta y de seguirnos, haciendo clic en los íconos de Facebook y Twitter.

ESCUELA INTERNACIONAL DE EXORCISMO®

Bob Larson, fundador

DECLARACIÓN DE MISIÓN

Entonces llamando a sus doce discípulos, les dio autoridad sobre los espíritus inmundos, para que los echasen fuera, y para sanar toda enfermedad y toda dolencia.

—MATEO 10:1, RV60

En una época de creciente maldad la antigua práctica espiritual del exorcismo está siendo demandada. Por desgracia, ni una sola denominación protestante tiene un seminario que enseñe exorcismo. Quienes se sienten llamados por Dios para echar fuera a los espíritus malignos no han tenido donde acudir en busca de una formación integral ¡hasta ahora! El Rev. Bob Larson, el principal exorcista del mundo protestante, tiene una visión para restaurar al cristianismo la oración de exorcismo y ha fundado la Escuela Internacional de Exorcismo. El Rev. Larson explica: "Un tercio de todos los capítulos de los evangelios sinópticos contienen casos de exorcismo y referencias a la posesión demoníaca. En nuestro mundo de la delincuencia rampante, inhumanidad y abuso infantil, la necesidad de enfrentar con valentía a las fuerzas demoníacas es más importante que nunca".

La misión de la Escuela es entrenar a los llamados a cumplir el mandato de Cristo de sanar a los quebrantados de corazón y liberar a los cautivos (Lucas 4:18). El plan de estudios está específicamente diseñado para enseñar a líderes cristianos y laicos las disciplinas espirituales de sanidad interior, liberación y exorcismo. Varios niveles de certificación están disponibles para los que se sientan llamados a este ministerio. Los estudios incluyen la capacitación a fondo en Rompimiento básico de maldiciones, Armas de Guerra Espiritual, Aspectos mentales y emocionales de la liberación, y Procedimientos y principios para echar fuera demonios. Se reciben solicitudes de inscripción, pero el espacio es limitado. La información detallada está disponible en www.BobLarson. org haciendo clic en el botón de la ESCUELA DE EXORCISMO en la parte superior de la página principal.

Para mayor información, por favor contacte al Director de Admisiones en:

Bob Larson's International School of Exorcism®
P. O. Box 36480, Denver, Colorado 80236
exorcismschool@boblarson.org
303-980-1511
www.boblarson.org

NOTAS

CAPÍTULO 3
LA MALDICIÓN DE LA ILEGITIMIDAD

1. *National Vital Statistics Reports* 59, no. 3 (21 de diciembre, 2010), www.cdc.gov/nchs/data/nvsr/nvsr59/nvsr59_03.pdf?loc =interstitialskip. Consultado el 20 de agosto de 2012. Vea también "Our view on kids: When unwed births hit 41%, it's just not right" [Nuestra visión sobre los niños: Cuando los nacimientos de padres no casados llegan al 41%, algo no anda bien] *USA Today* (25 de enero, 2011).

2. *The New Unger's Bible Dictionary* (Nuevo diccionario de la Biblia de Unger), Merrill Unger, R.K. Harrison, eds. (Chicago: Moody, 2006), s.v. "Bastard" (bastardo).

CAPÍTULO 5
MALDICIONES DE SECTAS Y DEL OCULTISMO

1. Bob Larson, *Larson's Book of World Religions and Alternative Spirituality* [Libro de Larson sobre las religiones del mundo y la espiritualidad alternativa] (Wheaton, IL: Tyndale, 2004), 16.

2. *Ibíd.*, 19.

CAPÍTULO 6
MALDICIONES DE SECTAS CLANDESTINAS

1. Para mayor información sobre estos cambios, consulte un artículo de *The Salt Lake City Messenger*, no. 75 (julio de 1990), de Jerald y Sandra Tanner, tal como fue anunciado en un sitio web finlandés llamado "About Finnish Mormonism" (Acerca del mormonismo finlandés); en www.mormonismi.net/temppeli/ temple_ritual_altered4_utlm.shtml. Consultado el 16 de octubre de 2012.

2. Vea *The Doctrine and Covenants* (La doctrina y los pactos), publicado en línea en la sección "Scriptures" (Escrituras) de la página web "La Iglesia de Jesucristo de los Santos de los Últimos Días": www.lds.org/scriptures/dc-testament/dc/129?lang=eng. Consultado el 16 de octubre de 2012.

3. "The 11 O'clock toast" (El brindis de las 11) tal como fue anunciado en el sitio web de los Elks, U.S.A., (Alces, EE. UU.); www.elks.org/SharedElksOrg/lodges/files/1714_Eleven_o'clock_toast_01-17-2008.pdf. Consultado el 16 de octubre de 2012. También vea la misma publicación para mayor información histórica.
4. *Ibíd.*
5. "Woodmen of the World Burials" (Entierros de Leñadores del Mundo), como está publicado en el sitio web, www.interment.net/wow/index.htm. Consultado el 16 de octubre de 2012.
6. Robert L. Uzzel, "Joseph Cullen Root, 33°" en *SRJ Archives* (Archivos del *Scottish Rite Journal*, Scottish Rite Freemasonry [Rito Escocés de la Masonería]), http://srjarchives.tripod.com/1998-09/UZZEL.HTM. Consultado el 16 de octubre de 2012.